Henning Scherf

Mehr Leben

Henning Scherf
Mit Uta von Schrenk

Mehr Leben

Warum Jung und Alt zusammengehören

HERDER

FREIBURG · BASEL · WIEN

© Verlag Herder GmbH, Freiburg im Breisgau 2013
www.herder.de
Alle Rechte vorbehalten

Satz: Barbara Herrmann, Freiburger
Herstellung: CPI – Clausen & Bosse, Leck

Printed in Germany

ISBN 978-3-451-30912-0

Inhalt

Vorwort

Nun bin ich 75 Jahre alt geworden und immer noch mittendrin. Es ist ein großes Geschenk, älter als alle früheren Generationen werden zu können und umgeben zu sein von lieben Menschen unterschiedlichen Alters. Diese alltägliche Erfahrung des Zusammenlebens macht meine Altersjahre spannend, und ich freue mich auf jeden neuen Tag.

Ich wünsche mir, dass sich unter den Millionen alter Menschen herumspricht, dass das möglich ist. Ich wünsche mir, dass auch die Jüngeren es als Chance begreifen, mit uns Älteren zu teilen. Und ich sehe die vielen Kleinen, die so in eine behütete Jugend hineinwachsen.

Lassen Sie uns alle näher zusammenrücken und uns gegenseitig helfen!

Kapitel 1
Du bist so alt, wie du dich fühlst

In diesem Jahr ist unser neuntes Enkelkind auf die Welt gekommen. Der kleine Gabriel. Was für eine Freude! So oft kann ich gar nicht in die Kirche laufen, um so viel Motivation zu bekommen, wie ich dadurch erhalte, dass da plötzlich dieses neugeborene Menschenkind mich anblickt. Erst vor kurzem habe ich es wieder in Berlin im Arm gehalten und bin zerflossen vor Begeisterung. Und dieses unbeschreibliche Glücksgefühl werden die vielen Großeltern in diesem Land mit mir teilen können. Ein Enkel bedeutet einen neuen Schub an Lebensenergie und Lebensfreude auch für die Großeltern. Den Beginn des Lebens noch einmal miterleben zu dürfen, wenn man doch im Alltag schon mit dem sich neigenden Lebensbogen beschäftigt ist – das ist ein großes Geschenk.

Ich bin überzeugt davon, dass nichts uns mehr Glück und Zufriedenheit verschaffen kann, als das Zusammenleben und das Zusammenerleben der Generationen miteinander.

Alter ist eine Variable

Die vielen Menschen, von denen dieses Buch handeln wird, Alte wie Junge, haben mir früh gezeigt: Alter ist nichts Festgefügtes. Du bist so alt, wie du dich fühlst. Alter ist nicht, was ein Dokument über dich sagt. Ja, noch nicht einmal, was ein ärztliches Gutachten dir attestiert. Es gibt alte Menschen, die mit ihrer schweren Krankheit leben können. Und es gibt andere, auch Jüngere, die schon bei einer Erkältung jammern und klagen. Du bist so alt wie du dich fühlst. Und das fühlen auch die Menschen, die mit dir leben. Es gibt den fast Hundertjährigen, der seine ehemaligen Schüler noch immer um sich scharen kann. Oder den 50-Jährigen, der mit seinen Kollegen in den Dreißigern Fußball spielt. Oder die 70-jährige Nachbarin, die liebevoll auf die kleinen Kinder der berufstätigen Alleinerziehenden von nebenan aufpasst. Und den 65-Jährigen, der mit einer 30-Jährigen noch einmal eine Familie gründet. Oder die glückliche Mutter, die mit 45 ihr erstes Kind bekommt. Oder den 25-Jährigen, der mit einem 40-Jährigen eine Lebensgemeinschaft gründet. Oder den 17-Jährigen, der ein Internet-Imperium aufbaut und Arbeitgeber auch für Ältere wird. Oder oder oder. Alter ist eine Variable und jeder umgibt sich mit den Menschen, die ihm gut tun, nicht unbedingt nur mit denen, die so alt sind wie er selbst. Wer bewegt sich schon konsequent ausschließlich nur in der eigenen Alterskohorte? Nein, unser Leben ist bunter.

Angesichts unserer sich wandelnden Demografie sind wir gut beraten, dieser Buntheit grundsätzlich offen und positiv gegenüberzustehen. Denn viel mehr noch als die Generationen vor uns werden wir und unsere Kinder mit Vertretern anderer Generationen zusammenleben. Die Alten werden älter und bleiben dabei jünger, als es die Generation vor ihnen war. Die Jungen werden weniger und müssen dringend durch unsere alternde Gesellschaft mehr Achtung erfahren. Die Mittelalten werden zum Scharnier einer Gesellschaft, die sie dringend entlasten muss. Natürlich sind dies alles gesellschaftliche Herausforderungen, die alle etwas angehen, die Politik aber besonders.

Zusammenleben muss immer wieder neu verhandelt werden. Die Welt wandelt sich, und wir uns mit ihr. Umso wichtiger finde ich es, sich auf die Potenziale zu konzentrieren, die ein generationenübergreifendes Leben freisetzt. Wir sollten nicht den Rentenkrieg ausrufen und auch nicht den Konflikt der Generationen beschwören, wie es der FAZ-Herausgeber Frank Schirrmacher noch vor ein paar Jahren tat. Wir sollten nicht darüber lamentieren, dass es immer mehr Alte gibt, sondern ihnen eine Rolle und eine sinnvolle Aufgabe in dieser Gesellschaft zugestehen. Auch nicht den Fachkräftemangel beklagen, sondern die jungen Menschen, die wir haben, so gut es nur irgend geht, ausbilden und allen unter ihnen, auch denen aus bildungsfernen Familien, die besten Bildungschancen bieten. Und wir sollten nicht die Sandwich-Generation bedauern, sondern ihren Kinder-, Karriere- und Pflege-Stress lindern. Das alles geht nur, wenn wir zusammenhalten, ob alt, ob jung. Schon immer haben sich menschliche Gesellschaften aus mehreren Generationen zusammengesetzt. Im Unterschied zu früher ist nur die Zeitspanne, die die Mitglieder der verschiedenen Generationen miteinander verbringen, länger geworden. Das ist doch kein Grund zum Jammern. Es ist ein Grund zur

Freude! Ich bin überzeugt davon: Künftig wird es weniger eine Rolle spielen, wie alt man ist, sondern was man – noch oder schon – kann. Das Zusammenleben der Generationen birgt unschätzbare Ressourcen. Der Mix der Generationen ist die Zukunft!

Im Boot des Lebens

Beim Hochseesegeln sind wir immer mehrere Generationen an Bord, und es packen alle mit an. Das geht richtig gut. Meist besteht unsere Crew aus zehn Leuten – Schüler, Studenten, aktive Geschäftsleute und Senioren, die schon im Ruhestand leben. Ich fühle mich an Bord selbst in meinem Alter nicht überfordert, ich habe nicht den Eindruck, als Klotz am Bein den anderen im Weg zu sein. Und ich freue mich auf meinen nächsten großen Törn schon jetzt wie ein kleiner Schuljunge. Auf einem Boot ist eine altersgerechte Arbeitsteilung eine Selbstverständlichkeit – die Alten in der Navigation, die Jungen in den Wanten. Im Grunde spiegelt so eine Crew unsere Gesellschaft im Kleinen und zeigt, dass eine Arbeits- und Lebensteilung notwendig ist und zum Segen aller funktioniert. Wir sitzen alle in einem Boot – egal ob jung oder alt.

Du bist so alt, wie du dich fühlst: Nach einer Studie des Max-Planck-Instituts fühlen sich Menschen über Siebzig durchschnittlich 13 Jahre jünger, als es ihren Lebensjahren entspricht. Dieses Phänomen kann ich bestätigen. Ich persönlich fühle mich heute, kurz vor meinem 75. Geburtstag, zwanzig Jahre jünger als ich bin. Ich habe manchmal das Gefühl, ich bin fitter, präsenter als 1995, als ich Ministerpräsident wurde. Damals bin ich getrieben worden, bin von einem Termin zum anderen gejagt und war froh, dass ich einen starken Staatssekretär hatte, der mir die mühselige Alltagsarbeit weitgehend abgenommen hat. Trotz eines großen Stabs an Mitarbeitern war ich oft erschöpft. Mein Vater ist mit 58 Jahren gestorben, an seinem dritten Herzinfarkt. Wenn ich mir heute Bilder von ihm aus seinen letzten Lebensjahren ansehe, dann wird mir klar, dass dies die Lebensspanne war, in der ich erst noch einmal richtig durchgestartet bin. Oft denke ich, mir geht es sogar heute mit Mitte siebzig besser, als es meinem Vater in seinen Fünfzigern erging. Ich sehe auch anders aus – nicht so verbraucht. Er hatte tiefe Ringe unter den Augen, war müde, blass. Er hat gestöhnt, hatte ein schweres Leben, hat mit seiner Drogerie nur ganz mühselig seine Familie ernähren können. Die Drogerie musste sich gegen harte Konkurrenz behaupten und ist nach seinem Tode auch innerhalb kürzester Zeit pleitegegangen. Er hat dieses Geschäft mit letzter Energie und Kraft irgendwie am Laufen gehalten und ich bewundere ihn heute noch dafür.

Ja und ich? Ich suche jeden Tag neue Herausforderungen und habe großen Spaß daran – seien es meine Lesereisen, meine Besuche bei Altersprojekten in der ganzen Republik oder Reisen nach Nicaragua. Ich bin neugierig auf alles, was mir begegnet, auf neue Fragen und Bücher, die ich während meiner Politikerjahre überhaupt nicht angesehen habe, weil ich ohnehin keine Zeit zum Lesen hatte. Heute stoße ich auf Menschen, die ich früher übersehen hätte und die mir jetzt ganz wichtig sind. Da ist mir in Heidenheim eine junge Frau bei meiner Vortragsveranstaltung begegnet, die für Asylbewerber, insbesondere für abgelehnte, ein Netz aufbaut und mich nach meinen Erfahrungen befragte. Wir haben uns über Amnesty International, über Pro Asyl, über Kirchenasyl ausgetauscht. Sie ist auf der Suche nach älteren Menschen, die ihre Zeit für diese so schwere Menschenrechtsarbeit einsetzen. Das finde ich einen schönen Ansatz – junge, verzweifelte Asylbewerber mit erfahrenen älteren Menschen zusammenzubringen, die sie unterstützen. Ich sammle auf meinen Lesereisen geradezu Menschen ein, die für Mehrgenerationenprojekte offen sind und ohne Scheu auf Ältere oder Jüngere zugehen.

Ich selbst habe auch kein Problem, meine Alterswünsche mit den Vorstellungen junger Leute zu verbinden. Die prüfen mich natürlich genau – was kann der noch oder was kann er nicht? Das geht beim Sport so, etwa beim Fahrradfahren – hält der mit oder hält er nicht mit? – und ich will mithalten. Ich bin einer derjenigen, die alt werden und sich jünger fühlen. Ich bin ein Vertreter eines neuen Lebensalters, der jungen Alten. Das heißt nicht, dass ich die Augen vor dem Älterwerden verschließe. Ich lebe mit Freunden in einer Hausgemeinschaft. Ich habe mir Demenz-Projekte angeschaut, um zu erleben, wie man auch mit Defiziten leben kann. Ich möchte meine irgendwann in der Zukunft einmal auftretenden Altersgebrechen in einem Netzwerk von Freunden, in einem Netzwerk aber auch von fachkompetenten Menschen erleben, die mir beispringen können. Das schon. Aber ich möchte mein Alter nicht damit zubringen, mich alt zu fühlen. Ich möchte leben. Und das mit allen meinen Lieben.

Auf die Verhältnisse kommt es an

Aus der Psychologie und der Sozialforschung wissen wir: Alter ist auch eine soziale Kategorie, die unsere Wahrnehmung und unser Verhalten maßgeblich beeinflusst. Schon in unserer frühen Kindheit übernehmen wir von den Erwachsenen, die uns umgeben, positive oder negative Altersbilder, die unsere Einstellung zum Alter prägen und sich auf unseren eigenen Alterungsprozess auch auswirken. Wer eine aktive Großmutter hatte, die sich mit Achtzig nicht zu alt fühlte, zu ihrem Enkel aufs Motorrad zu steigen, der wird an das eigene Alter auch die Erwartung haben, noch manches Abenteuer erleben zu können. Wer dagegen die eigenen Großeltern nur auf dem Sofa mit einer Tasse Tee in der zitternden Hand erlebt hat, der wird sich möglicherweise eher auf eine passive Phase am Ende seines Lebens einstellen.

Natürlich hängt das eigene Altersempfinden aber auch von anderen Faktoren ab: Wie ist der eigene Gesundheitszustand? Ich selber kann heute nicht mehr Marathon laufen, das habe ich aufgegeben. Ich habe auch mein Eskimo-Kanu an unsere Vereinsjugend verschenkt. Und manchmal habe ich akustische Mühe, alles zu verstehen. Aber ich will keine Hörgeräte tragen. Ich bin begeisterter

Chorsänger und die hundert Stimmen unseres großen Chores kann so ein Gerät nicht wiedergeben. Also habe ich es nach zwei Monaten Probezeit wieder abgeliefert. Ich merke also durchaus, dass nicht mehr alles geht. Aber es geht noch erstaunlich viel.

Das Deutsche Zentrum für Altersfragen hat den Zusammenhang zwischen positiven Erwartungen ans eigene Älterwerden und dem persönlichen Gesundheitszustand untersucht. Ergebnis: Je besser man sich fühlt, desto positiver die Erwartungen. Oder umgekehrt: Wer chronisch krank ist, dessen Altersbild verschlechtert sich. Die Forscher des Alterszentrums haben aber auch herausgefunden, dass eine gute medizinische Versorgung das Altersbild kranker Menschen wieder stabilisiert. Und das ist für mich die entscheidende Botschaft dieser Untersuchung: Es kommt auf die Verhältnisse an! Und für die sind wir selbst verantwortlich.

Es kommt auf die Verhältnisse an, und das für jede Alterskohorte. Für die Alten und Gebrechlichen in unserer Gesellschaft bedeutet das eine gute pflegerische Versorgung, die es ihnen ermöglicht, sich noch aktiv am sozialen Leben zu beteiligen. Für die Jungen bedeutet das: Wir müssen ihnen über Kita, Schule und Ausbildung einen guten Platz in unserer Gesellschaft einräumen – und da ist unsere deutsche Gesellschaft leider kein Meister. Und für die mittleren Jahrgänge bedeutet das, sie zu unterstützen und ihnen bei aller Arbeit und familiären Verpflichtungen mehr Luft zum Leben zu verschaffen.

Das Alter ist eine Variable. Weltweit leben sieben Milliarden Menschen, da gibt es nicht *den* Alten oder *die* Junge, da gibt es alles. Es gibt jede Form von Leben und von Selbstverständnis. Altsein kann man nicht reduzieren auf generelle Zuschreibungen wie:»weise« oder »gebrochen«, es kann nicht verengt werden auf Einsamkeit oder Sterben. Altsein kann durchaus auch mit Kreativität, mit neuer Freiheit, mit sozialer Teilhabe verbunden sein. Manche verlieben sich in dieser Lebensphase neu und fangen ein ganz neues Leben an. Manche gehen nach der Pensionierung zur Universität, nicht um noch einen Beruf zu erlernen und damit Geld zu verdienen, sondern um sich auszuprobieren oder einem lebenslangen Interesse endlich nachgehen zu können.

Ebenso kann man das Jungsein nicht auf Aufbegehren oder Naivität, auf Verantwortungslosigkeit oder Lebenshunger verkürzen. Die Freiwilligendienste, die die Länder und der Bund anbieten, waren 2012 rettungslos überlaufen. 35.000 Menschen, über die Hälfte von ihnen unter 27 Jahre, im Bundesfreiwilligendienst, dazu noch einmal die gleiche Anzahl von Stellen für Schulabgänger im Freiwilligen Sozialen und Ökologischen Jahr sowie im Auslandsjahr. Und längst nicht allen Bewerbern konnte ein Platz in einem Krankenhaus, in Behinderteneinrichtungen oder in Naturschutzzentren angeboten werden. So viele junge Menschen, die sich sozial engagieren – das können doch nicht alles verantwortungslose Heißsporne sein.

Wir müssen uns davor hüten, Klischees zu verbreiten – egal ob über die Alten oder über die Jungen. Stereotype waren in der Vergangenheit schon belastend, heute stimmen sie schlicht nicht mehr. Nein, wir müssen die Fülle der Lebensmöglichkeiten und Lebensformen unserer sich wandelnden Gesellschaft wahrnehmen. Erst dann können die Menschen, egal welchen Alters, sich entscheiden, woher sie sich Orientierung holen. Keiner ist per Geburtsschein auf einen bestimmten Lebensentwurf festgelegt, sondern jeder sucht sich seinen Platz. Die einen entscheiden sich für die Alters-WG, die anderen für das Mehrgenerationenprojekt. Die einen gehen als Senior-Service-Berater ins Ausland, um dort ehrenamtlich beim Aufbau von Betrieben oder der Reform von Verwaltungen zu helfen. Die anderen, Schüler noch, bringen Senioren in Abendkursen den Umgang mit dem Internet bei.

Das tatsächliche empfundene Alter hängt also stark von der Selbstwahrnehmung ab, aber auch von den Rückmeldungen unserer Umwelt. Ich zum Beispiel lebe von dem, was andere mir rückmelden. Ich bewege mich unter Freunden und Bekannten, die mich in meinem Altwerden begleiten, die mich tragen und mich motivieren. Ich sage mir oft, du bist in der richtigen Gesellschaft, in der richtigen generationengemischten Gesellschaft. Und du hast Glück, du bist umgeben von Leuten und begleitet, die mit dir sich etwas vornehmen, mit dir sich freuen, dass da demnächst ein Konzert ansteht oder ein Kirchentag kommt. Was ist schon Shopping gegen ein vertrautes Gespräch unter Freundinnen? Was ist schon ein Fernsehabend gegen einen Abend mit den Kumpeln in der Kneipe? Was das morgendliche Jogging, als Einzelner im Wald unterwegs, gegen ein rauschendes Familienfest, bei dem alle zusammenkommen und miteinander feiern?

Offen bleiben

Basis für das Verständnis der Generationen untereinander ist, dass man offen füreinander bleibt. Als älterer Mensch kann man auf seine Lebenserfahrung zurückgreifen – jeder kann jede Phase seines Lebens in sich lebendig abrufen. Ich merke sogar: Je älter ich werde, umso mehr fallen mir wieder Geschichten und Erlebnisse aus meiner Kindheit und Jugend ein. Ein typisches Altersphänomen. Nachdem ich Abstand genommen habe von der Politik, bin ich dabei, alle diese Erfahrungen durchzuarbeiten, nicht nur unbewusst im Traum, sondern ganz bewusst auch in Gesprächen mit anderen. Jeder ist zugleich verschieden alt. Wer alt ist, hat all die früheren Lebensphasen auch noch in sich: In dem weißhaarigen Mann schlummert immer noch der übermütige Twen von damals, in der gebeugten Frau das vergnügte Mädchen. Aus dieser inneren Verbundenheit, der inneren Konsistenz der eigenen Lebensphasen rührt auch das Verständnis der Älteren für den Schwung oder die Nöte der Jungen. Die Jungen ihrerseits sind neugierig auf die Geschichten der Alten, mehr noch als auf die der Elterngeneration, der sie sich meist stärker untergeordnet empfinden. Gerade in der Pubertät wird ein älterer Ratgeber eher als gleichberechtigter Partner akzeptiert. Das Gefühl für die verschiedenen Lebensalter zu erhalten und die Neugierde der nachwachsenden Generation zu wecken, geht nur darüber, im Gespräch zu bleiben: Wie habt ihr das eigentlich gemacht? Was macht ihr heute anders? Wie seid ihr eigentlich damit umgegangen? Wie geht ihr heute damit um?

Sehr quälend, aber auch notwendig war dieser Generationendialog zwischen meiner Generation und der Achtundsechziger mit ihren Eltern. Warum habt ihr nicht mehr gegen die Nazis getan? Warum habt ihr nur gebetet? Warum habt ihr euch nicht organisiert? Warum habt ihr nicht aktiv Widerstand geleistet? In unserer Familie war es die Frage, warum meine Eltern nicht ausgewandert sind, obwohl sie immer davon geredet haben. Sie wollten nach Neuseeland auswandern, weil sie es nicht mehr aushielten mit den Nazis. Wir haben nie herausgefunden, warum sie das nicht geschafft haben. Bei meinem Schwiegervater, der Nazi war, habe ich dagegen erlebt, dass er durch meine Frau und unsere Kinder richtiggehend getrieben wurde, sich zu seiner Rolle in der Nazizeit zu erklären. Erklär uns mal, was du da gemacht hast, wieso redest du darüber nicht? Gerade das Interesse seiner Enkel an ihm und seine Liebe zu ihnen hat ihn schließlich dazu gebracht, 30 Jahre nach Kriegsende über seine Rolle im Nationalsozialismus zu reden. Da geht es nicht um Schuldzuweisung oder Bekenntnisse. Von einem solchen Dialog können beide Seiten lernen: Die Alten können ihre Erfahrungen noch einmal verarbeiten und in den Fragen der Jüngeren spiegeln. Und

Du bist so alt, wie du dich fühlst

die Jüngeren können erfahren, wie man mit schwierigen Situationen umgehen kann und daraus für das eigene Leben Schlüsse ziehen. Bei den heutigen Gesprächen zwischen Enkeln und Großeltern wird es weniger um Fragen von Schuld und Verstrickung in den Nationalsozialismus gehen. Jede Generation wird ihre eigenen Fragen haben, heute wohl eher zum Umweltschutz oder zu Fragen sozialer Gerechtigkeit.

Doch es geht auch um die kleinen Fragen des Alltags. Meine Enkel wollen im Moment vor allem von uns wissen, wie wir unsere Schulkrisen bestanden haben. Dann erzähle ich ihnen, dass ich zunächst ein sehr guter Schüler war und eine Klasse übersprungen habe, aber dass es mir während der Pubertät dann grottenschlecht ging. Sie ließen mich in der Schule sitzen, und nur durch einen Schulwechsel habe ich wieder Mut zu mir und zum Lernen gefunden. Am Ende war ich Klassenbester und Stipendiat der Hochbegabtenförderung des Evangelischen Studienwerkes. Damit versuche ich meine Enkel zu trösten, wenn sie mal mit der Schule hadern.

Generationen im Dialog

Natürlich ist es wichtig, im Umgang mit Jüngeren oder auch Älteren auf die Rückmeldungen zu achten. Ich habe wöchentlich Kontakt mit Bremer Kindern der Grundschule am Buntentorsteinweg. Mein Lieblingstermin der Woche! Die Kinder vermitteln mir immer wieder, dass es ihnen genauso geht. Sie mögen es, wenn da so ein weißhaariger Typ kommt mit spannenden, ihnen völlig fremden Texten und die gemeinsam mit ihnen liest. Ich lasse die Kinder erzählen, was ihnen Texte wie Isaac Singers »Zlateh die Geis« sagen. Dieses Buch hat mich immer besonders berührt, weil Isaac Singer hier von der durch die Nazis vernichteten Welt des ostjüdischen Schtetls erzählt, von den kleinen Menschen und ihren Hoffnungen und Schicksalen. Sie spüren, dass es dabei um Erziehung geht. Sie denken sich in die handelnden Personen der Erzählung dieses jüdischen Literaturnobelpreisträgers hinein und können ohne Mühe deren Erfahrungen mit den eigenen vergleichen. Die brillant geschriebenen Texte dieses Autors aus einer ganz anderen Zeit, aus einer ganz anderen Gesellschaft wirken wie ein Medium zwischen uns, das uns hilft, ganz offen über unsere Gefühle und Wünsche zu sprechen. Inzwischen sind wir richtig miteinander vertraut. Die Kinder spüren genau, dass ich sie mag und sie geben mir das zurück. Sie sind voller Vertrauen und erzählen von ihren Familien und aus ihrem Kinderalltag. Da geht mein Herz auf. Manchmal habe ich Mühe, mich zu verabschieden. Wir reizen jede Stunde so aus, bis es nicht mehr geht, bis uns die Klingel trennt und selbst dann bleiben die Kinder noch bei mir, stehen nicht auf und rennen raus. So schön kann der Kontakt zu einer anderen Generation sein.

Der Umgang mit Pubertären ist viel komplizierter. Mit Jugendlichen kommt man nicht einfach so unvoreingenommen in Kontakt. Da muss man sehr geduldig sein, da muss man auch einmal den Mund halten können, um überhaupt zu erfahren, was ihnen gerade wichtig ist. Und wenn man Glück hat als alter Mensch, dann kommen sie von allein und sagen: »Du, wir wollen das von dir wissen, erzähl mal oder kommst du dann mit oder lass uns das mal gemeinsam machen.«

Dieses sensible Vertrauensverhältnis erlebe ich derzeit mit meinen Enkeltöchtern. Die Mittleren werden in diesem Jahr 14, mal sind sie junge Frauen, mal kleine Mädchen – je nach Gefühlslage. Sie sind sehr selbständig und selbstbewusst. Da ist es ein Glück, wenn sie sagen: »Opa, wie machst du das?« Oder: »Nimmst du mich ins Theater mit?« Eine von ihnen möchte mit mir Walzer tanzen. Es hat mich begeistert, dass so etwas möglich ist. Doch in diesem Alter kommt auch Gegenwind. Da wird nicht sofort gesprungen, wenn man sie um einen Gefallen bittet. Da kommt auch mal Kritisches, auch Verletzendes. Das muss man aushalten und sich daran erinnern, wie man sich selbst gefühlt hat, als man in der Pubertät war. Wie fremd einem die Erwachsenen waren, wie spießig und bevormundend sie einem vorkamen. Ich habe mal eine meiner Enkeltöchter gefragt, ob sie es überhaupt mag, dass ich sie in den Arm nehme und auf die Wange küsse. »Du kannst mir das ruhig sagen«, habe ich sie ermuntert. »Nein, Opi, das mag ich eigentlich nicht«, war die Antwort. Wie gut, dass wir darüber geredet haben!

In der Öffentlichkeit erlebe ich im Umgang mit Jugendlichen vor allem Positives. Ab und zu passiert es mir sogar, dass ein junger Mensch in der U-Bahn oder S-Bahn aufsteht, und mir seinen Platz anbietet. Ich freue mich sehr über die höfliche Geste und bin dennoch verlegen. Meist sehe ich mich ganz schnell nach jemand noch Älteren um, dem ich den Platz anbieten könnte, weil ich mich doch noch jung genug zum Stehen fühle.

Richtig harte Ablehnung durch junge Leute erlebe ich nicht. Vielleicht weil ich so ein Riese bin, weil ich so präsent bin und weil ich mich nicht verdrücke, sondern auf Jugendliche zugehe. Ich frage auch Punks nach dem Weg. Die sind dann meist völlig überrascht, dass so ein Weißhaariger sie ganz vertrauensvoll um Hilfe fragt. Und ich habe noch nie eine blöde Bemerkung zurückbekommen. Ich habe einmal, in Schwerin, sogar erlebt, dass eine Gruppe von Punks mit mir in die Straßenbahn gestiegen ist, um mich sicher zum Hotel zu begleiten. Punks! Von denen die meisten meinen, sie hauen einen über den Schädel. Das stimmt eben nicht.

Nein, wie man mit anderen Menschen klarkommt, hat viel damit zu tun, wie man auf sie zugeht. Egal in welchem Alter sie sind. Wie man in den Wald hineinruft, so kommt es zurück. Wer freundlich und unmaniert und ohne Arroganz und ohne Überheblichkeit auf jemanden zugeht, wird auch freundlich behandelt.

Was mich immer wieder erstaunt, ist, dass so viele junge Erwachsene engen Kontakt zu Älteren pflegen. Dies scheint eine Lebensphase zu sein, in der die jungen Leute es interessant und anregend finden, mit Älteren vertraut umzugehen. Vielleicht hat dies etwas mit dem Entdecken der eigenen Selbständigkeit zu tun und mit der Ablösung vom Elternhaus und traditionellen Hierarchien. Diese Kontaktaufnahme mit der älteren Generation wirkt auf mich nicht einfach nur wie Taktik, nach dem Motto:

Hier bekomme ich Förderung. Es ist das Annehmen von Lebenserfahrung. Und das ist doch etwas ganz Wunderbares, wenn man dann als älterer Mensch mitgenommen, einbezogen und gefragt wird.

Eine völlig neue Lage ergibt sich, wenn die jungen Erwachsenen eine feste Beziehung eingehen und Familien gründen. Dann steht der berufliche und familiäre Stress derart im Vordergrund, dass sie in aller Regel weder Zeit noch Lust haben, auf Anregungen und andere Menschen einzugehen. Diese Lebensphase ist in unserer Gesellschaft derart überlastet, dass man sich nicht wundern muss, wenn die mittleren Jahrgänge weder nach rechts noch nach links schauen, sondern immer nur in ihrer täglichen Mühle geradeaus. Ich habe einen großen Respekt vor denen, die in dieser Doppelbelastung stehen. Je älter ich werde und je größer der Abstand zu meiner eigenen Familienphase, umso mehr erkenne ich, dass der Staat, die Gewerkschaften und die Arbeitgeber hier dringend gefragt sind, um diese schmaler werdende Sandwich-Generation zu entlasten. Die Daten des Freiwilligen-Surveys der Bundesregierung, eine Umfrage, die die Bereitschaft der Deutschen zum gesellschaftlichen Engagement misst, legen nahe, dass das gesellschaftliche Interesse dieser Generation an Gemeinsamkeiten mit anderen Jahrgängen erst dann wieder steigt, wenn die eigenen Kinder erwachsen sind. Erst dann engagieren sich die nun jüngeren Alten wieder für andere. Vorher, mit kleinen Kindern im Haus und einem anspruchsvollen Job, geht nichts.

Die Kontakte aber zwischen jungen Alten und den noch Älteren sind ausgesprochen eng und gut, das legen Untersuchungen nahe. Das kann ich auch anhand meiner eigenen Biographie als jetzt alter Mann bestätigen: Ich werde als Gesprächspartner für diese Generation, deren Kinder erwachsen sind und die sich nun auf ihr eigenes Altersleben konzentrieren, wieder interessant. Da geht es um Erfahrungsaustausch, um das Ausprobieren von neuen Möglichkeiten, auch um neue Lebensmodelle und darum, einen neuen Sinn für das eigene Leben zu finden.

Neugier aufs Leben

Ich glaube, wenn man neugierig bleibt auf andere, egal wie alt man ist, dann ist das eine entscheidende Voraussetzung, mit anderen gut leben zu können. Man muss auf den anderen zugehen. Man muss raus aus seiner selbstbezogenen Einzelrolle. Man muss in der Lage sein, zuzugeben, dass man vieles mitbekommen und erlebt hat, dass das aber nicht alles gewesen ist. Es kann viel passieren. Für jeden, jederzeit. Das Leben findet nicht in Schubladen statt, die nach einem bestimmten Alter sortiert sind. Ich als alter Mann kann noch von Jüngeren Dinge lernen, aufschnappen, mir aneignen, die für mich eine ganz spannende Entwicklung eröffnen. Meine Enkelkinder, besonders die im britischen Wales, wachsen in einer international bunt gemischten Gesellschaft auf. Sie sind vielsprachig, multikulturell und weit mehr globalisiert, als ich es je war. In meiner ganzen Schulzeit habe ich kein einziges Migrantenkind kennengelernt. Auch in meinen Sportvereinen, in der Jungen Gemeinde, in den politischen Jugendorganisationen gab es kein einziges. Migrantenkinder – wir kannten das Wort gar nicht. Meine Enkelkinder dagegen wachsen in einem internationalen Milieu auf. Statt Vorurteile zu entwickeln, können sie nach nebenan gehen und Familien mit einem anderen kulturellen Hintergrund kennenlernen. Und sie sind neugierig auf die anderen. So, mit ihren Erfahrungen und ihren Einstellungen, hoffe ich, schafft es unsere Gesellschaft, die Globalisierung zu gestalten und zwar so zu gestalten, dass auch ich noch möglichst lange daran teilhaben möchte. Wenn ich diese Neugierde auf das Leben behalten habe, dann habe ich auch als alter Mensch noch Lust, morgens aufzustehen und zu sagen: Mal sehen, was heute passiert. Dann habe ich auch Lust, mal unfrisierte Gedanken zu lesen oder in Veranstaltungen zu gehen, auf denen ich nicht schon zwanzig, dreißig Mal war und weiß, wie alles abläuft. Nein, unser aller Mantra, die wir ein generationenübergreifendes Leben wollen, muss lauten: Ich will was erleben. Mit einer solchen Lebenseinstellung ist ein Auskommen mit Vertretern anderer Generationen, davon bin ich überzeugt, kein Problem. Im Gegenteil, ein Gewinn.

Diese Lebenseinstellung hatte auch mein alter Freund Karl Buttmann: Lebe lieber ungewöhnlich. Er war Architekturprofessor in Bremen, ein Linker, befreundet mit dem Maler Otto Niemeyer-Holstein. Karl wollte nie an ihn gerichtete Erwartungen bedienen. Er war derart unkonventionell, dass man sich fragte, wie er überhaupt die Realität meisterte. Aber er meisterte sie. Er hat alles nicht so ernst genommen. Vielleicht kam daher auch seine Begeisterung für das Clown-Spiel. Es spiegelte seine Haltung dem Leben gegenüber, es war Ausdruck seiner Philosophie. Er hat bis zu seinem Tode begeistert den Clown gegeben, darin war er unschlagbar gut. Und er hat damit uns Jüngeren unser eigenes Leben, unsere Schwächen, unsere Eitelkeiten ungemein charmant vor Augen geführt – und vielleicht auch sich selbst.

Ganz anders dagegen war sein Bruder Friedrich, ein konservativer Bremer Kaufmann. Mit ihm habe ich oft über Karl geredet und ich habe ihn gefragt: »Wie seid ihr Brüder eigentlich klargekommen?« »Der Karl war verrückt«, hat der Bruder dann gesagt. »Aber der konnte leben!« Und das stimmte. Karl war immer fröhlich, immer interessiert, neuen Erfahrungen gegenüber aufgeschlossen, voller Esprit. Und ein begeisterter Segler war er. Dieses Alleinsein auf hoher See, Teil der Natur, ohne Geländer, ohne Aufsicht – das hat er geliebt. Als sich nach der Wiedervereinigung eine Architektin aus der ehemaligen DDR bei ihm meldete und ihm eröffnete, sie sei seine Tochter, hat er auch diese schwierige Situation mit großer Nonchalance gemeistert. Nun also im hohen Alter noch eine Tochter. Wie schön! Sie zog zu ihm, und dann lebten die beiden zusammen in seinem selbstgebauten Haus. Ein Haus übrigens, bei dem kein Stein geradlinig auf dem anderen stand, bei dem alles irgendwie selbstgebaut und selbstgemacht war. Schief und krumm – und das von einem Architekturprofessor! Dieses Haus war sein steingewordenes Statement zum Leben. Wozu Erwartungen bedienen? Karl Buttmann besaß den einzigen Kamin, den ich in meinem Leben gesehen habe, um den herum man sitzen konnte, ein Feuer, durch das man sich gegenseitig betrachten konnte, mit einem großen Rauchfang darüber. Da haben wir oft gesessen und Ringelnatz-Texte, von ihm vertont, gesungen. Er hat uns junge Leute dabei auf so einer kleinen Klampfe, einer Ukulele, begleitet. Ich muss heute noch schmunzeln, wenn ich an die Abende bei Buttmann denke. Unvergesslich. Mit dieser Unkonventionalität, diesem Junggebliebensein hat Karl Buttmann die Jungen angezogen – seine begeisterten Studenten, die Freunde seiner Tochter, Linke wie mich. Er war wie ein Magnet für uns Junge und das bis ins hohe Alter von über neunzig Jahren.

Was ist schon ein halbes Jahrhundert Altersunterschied, wenn der Humor stimmt?

Kapitel 2
Die neue Familie

In unserer Wohnung hängt ein Foto, auf dem sitzen meine Frau und ich mit unserer lesbischen Tochter, ihrer Frau und unseren beiden schwulen Schwiegersöhnen, den Vätern unserer Enkelkinder, bei einem Waldspaziergang nebeneinander auf einem Baumstamm – als wäre es das Selbstverständlichste auf der Welt, so Familie zu leben. Und das ist es auch. Unsere jüngste Tochter lebt in einer Regenbogenfamilie mit mittlerweile zwei eigenen Kindern, unseren jüngsten Enkelkindern, und wir sind sehr glücklich darüber.

Unsere jüngste Tochter ist lesbisch, und meine Frau und ich freuen uns, dass sie ihr Leben liebt und sich wohlfühlt. Wir haben ihre heutige Lebenspartnerin als unsere Schwiegertochter in unser Herz geschlossen. Jetzt ist unsere Familie weitergewachsen und um einen unverwechselbaren Schatz reicher geworden. Gemeinsame Feste, gemeinsame Reisen – alles erlebe ich als großes Glück.

Während unserer vielen Begegnungen haben wir irgendwann erfahren, dass sie einen Kinderwunsch haben. Darüber habe ich mich über alle Maßen gefreut. Durch eine gemeinsame Freundin trafen sie ein schwules Paar, das auch den Kinderwunsch hatte. Wir spürten, da wachsen uns zwei Schwiegersöhne zu. Das haben wir fröhlich und dankbar als weiteren Familienzuwachs gefeiert.

Als unsere Schwiegertochter schwanger war, haben beide Paare sich in einer gemeinsamen Feier noch rasch vor der Geburt trauen lassen. Eine doppelte Verpartnerung hatte ich noch nie erlebt. Und es war rundum gelungen. Die große Hochzeitsgemeinde hatte sich viel zu erzählen. Die Heteros und Homos mischten sich ununterscheidbar. Die vielen Enkelkinder, auch unsere eigenen (damals waren es noch sieben), genossen die große, bunte Gesellschaft. Bei solchen Anlässen überfällt mich der Gedanke: Was haben Menschen Jahrhunderte vor uns nicht alles versäumt, weil es verboten war, ein Leben in solch gemischten Gruppierungen zu leben.

Dann kam Arthur auf die Welt. Wenn ich vor dem großen Foto der Taufgesellschaft sitze, denke ich: Das ist die Zukunft, so wollen wir zusammenleben, Freunde und Verwandte aus aller Welt mitten zwischen uns, Familien, die sich bisher nur dem Namen nach kannten, bunt gemischt, nun miteinander verbunden. Die Kinder in dieser Gesellschaft haben einen weiten Horizont.

Die vier Eltern von Arthur haben sich überlegt, dass er nicht allein aufwachsen möge. Und nun ist seit wenigen Wochen sein Bruder Gabriel auf der Welt. Die Väter leben jetzt in der Nachbarwohnung der Mütter. Alle vier sind voll berufstätig. Und doch sind die beiden Kinder nie allein. Die Kita in der Nachbarschaft ist ein großes Glück. Dank der gesetzlichen Elternzeit können die beiden angestellten Eltern abwechselnd Pausen in ihrem Berufsleben für die Familie machen. Wann immer ich in Berlin zu tun habe, zieht es mich magisch zu dieser Regenbogenfamilie. Nur zu gern bin ich mitten zwischen ihnen und beobachte, wie gut die Arbeitsteilung unter den vier Eltern geregelt ist: Jeder packt mit an, jeder kann verantwortlich auch allein die Familienaufgaben bewältigen. Es gibt daher mehr elterliche Präsenz als in traditionellen Familien und zugleich mehr Freizeit der vier Beteiligten.

Familie heute

Was ist Familie heute? Erst kürzlich diagnostizierte die »Zeit« in einem Essay »die Auflösung der traditionellen Familie«. Steigende Scheidungsraten und eine wachsende Zahl von Alleinerziehenden, uneheliche Kinder und Patchwork-Familien: Seit den sechziger und siebziger Jahren ist die Ehe kein Garant mehr für den lebenslangen Zusammenschluss von Mann und Frau zum Zwecke der Kinderaufzucht. Die jährliche Zahl der gerichtlichen Scheidungen nahm von 1950 bis 2006 mit wenigen Ausnahmen zu und bleibt seither auf einem hohen Niveau von etwa 190.000 Scheidungen im Jahr, so das Statistische Bundesamt. Und nun kommt auch noch die veränderte Demografie hinzu, die aus einer Kinderschar ein Einzelkind werden lässt, Cousinen und Onkel auf ein Minimum reduziert und die eigenen Eltern und Großeltern immer älter werden lässt. Die »Bohnenstangenfamilie«, so der amerikanische Soziologe Vern Bengston, wird zum Normalfall. Immer weniger Junge, immer weniger Familien, immer mehr auseinandergebrochene Familien, immer mehr Alte: Wen wundert es, dass da bei so manchem Endzeitstimmung aufkommen mag?

Doch die Familie ist meiner Meinung nach keineswegs in der Krise. Wir sind nur Zeuge ihrer dramatischen Veränderung. Und das macht vielen Menschen Angst. Muss es aber nicht. Die Zusammenhänge, in denen Menschen leben, haben sich über die Jahrtausende hinweg stets verändert – von den großen Verbünden, über die Großfamilie hin zur Kernfamilie. Und nun ändert sich dieses Modell des Zusammenlebens erneut. Familie sieht heute zwar anders aus als noch vor fünfzig Jahren, aber Familie hat eine Zukunft und zwar eine viel buntere als wir sie uns bislang vorstellen konnten. Familie ist aus meiner Sicht dort, wo Menschen verschiedener Generationen alltäglich füreinander Verantwortung übernehmen. Das kann das Aufziehen kleiner Kinder sein, das kann aber auch die Pflege alter Eltern bedeuten.

Verantwortung im Alltag

Dass sich die Familienstruktur so stark verändert hat, liegt an vielen Faktoren. Etwa an unserer modernen Arbeitswelt, die zum Beispiel das Zusammenleben von Großeltern und Enkeln oft unmöglich macht, wenn die Eltern nicht gerade vor Ort einen Arbeitsplatz gefunden haben. Aber auch an der Individualisierung, dem Streben nach Autonomie und der Loslösung von Konventionen, die verschiedene Lebensentwürfe nach sich ziehen – vom Single- bis zum Mehrgenerationen-WG-Leben ist heute alles möglich. Die Geschlechterrollen haben sich verändert: Frauen gehören eben nicht mehr an den Herd, Frauen werden in unserer Arbeitswelt gebraucht. Sexualität wird heute freier gelebt und führt in den Zeiten möglicher Verhütung nicht mehr zwangsläufig zur Gründung einer Familie. Das alles zusammengenommen hat dafür gesorgt, dass unsere Gesellschaft sich nicht mehr selbstverständlich über Familien im herkömmlichen Sinn organisiert und reproduziert. Immerhin wissen wir aus einer Erhebung des Bundesamtes für Statistik von 2011, dass insgesamt knapp die Hälfte der Bevölkerung in Deutschland in Familien lebt. Vor 15 Jahren lag dieser Familienanteil noch bei 57 Prozent – auch hier wird der demografische Wandel sichtbar. Doch es gibt inzwischen eine ständig vielfältiger werdende Szene, in der sich Menschen zusammentun und verantwortlich Kinder aufziehen. Ich lerne gerade als begeisterter Familienvater und Großvater, dass die Art und Weise, Kinder aufzuziehen, einen erstaunlichen Veränderungsprozess durchmacht. Die klassischen Familien bleiben attraktiv. Zugleich kommen immer mehr Alleinerziehende dazu. Auch gibt es wachsende Patchwork-Familien, in denen geschiedene Eltern ihre Kinder einbringen und die verlassenen Elternteile Teilhabe wünschen. Es gibt gleichgeschlechtliche Paare mit Kindern (leiblichen und adoptierten), und nun finden sich auch immer mehr Regenbogenfamilien zusammen. Im Jahr 2011 gab es laut amtlicher Statistik in Deutschland 8,1 Millionen Familien mit minderjährigen Kindern. Trotz der rückläufigen Entwicklung traditioneller Familien waren im Jahr 2011 die Ehepaare mit minderjährigen Kindern mit 71 Prozent die häufigste Familienform. Alleinerziehende Mütter und Väter machten 20 Prozent der Familien mit Kindern unter 18 Jahren aus, während 9 Prozent aller Familien Lebensgemeinschaften mit minderjährigen Kindern waren. Rund 7.000 Kinder leben bei gleichgeschlechtlichen Paaren – sie machen also noch eine kleine Minderheit aus.

Was die Statistik nicht hergibt, ist, wie viele ältere Menschen diese Familien alltäglich unterstützen, ob als leibliche Großeltern oder als Wahlgroßeltern. Nach den Ergebnissen des Mikrozensus, der größten amtlichen Haushaltsbefragung, gibt es in Deutschland kaum noch Haushalte, in denen drei und mehr Generationen unter einem Dach zusammenleben. Im Jahr 2011 wohnten in einem Prozent der Haushalte Eltern mit Kindern und deren Großeltern sowie in seltenen Fällen deren Urgroßeltern zusammen. 29 Prozent der Haushalte waren Zweigenerationenhaushalte. Allerdings erfasst diese Statistik nur die einzelnen Haushalte. Mehrgenerationenwohnen, bei dem in der Regel drei Generationen auch unter einem Dach, jedoch in verschiedenen Wohnungen leben, schlägt sich bei dieser Befragung nicht in der Statistik nieder. Zur Zahl gemeinschaftlicher Mehrgenerationen-Wohnprojekte ohne familiäre Bindungen gibt es bislang keine vollständigen empirischen Erhebungen, sondern nur Einschätzungen aufgrund von Studien. Diese belegen dafür aber einen deutlichen Trend zum Mehrgenerationenleben. Und die inzwischen flächendeckende Bewegung der Leih-Omas und -Opas zeigt, dass es neben dem Engagement der leiblichen Großeltern hier ein großes Potential gibt, das wir selbstverständlich fördern sollten. In Zeiten, in denen die traditionellen Familien schwinden, wachsen die Wahlverwandtschaften – das ist doch ein tröstliches Szenario.

Familie und damit Mehrgenerationenleben ist für mich selbstverständlich auch überall dort, wo Menschen Ältere zuhause pflegen, seien es die eigenen Eltern oder auch Freunde oder liebe Bekannte. 70 Prozent unserer derzeit 2,5 Millionen Pflegebedürftigen werden zuhause versorgt. Und selbstverständlich müssen diese Familien unsere Unterstützung finden – nicht indem wir sie mit trippelschritthaften Verbesserungen beim Pflegesatz hinhalten, wie das derzeit geschieht – sondern indem wir ihnen Entlastung in ihrem anstrengenden Alltag bieten – durch Tagespflegeeinrichtungen, durch wohnortnahe Hilfsstrukturen, durch engagierte ehrenamtliche Helfer. Denn es sind oft genug berufstätige Menschen, die zuhause Pflegebedürftige zu versorgen haben. Ohne ihren täglichen Einsatz würde die Versorgung von weit mehr als einer Million alter Menschen zusammenbrechen. Das können wir uns angesichts der stärker werdenden älteren Jahrgänge nicht leisten. Und wir wollen es auch gar nicht, denn eines zeigen Umfragen immer wieder: Die meisten Menschen wollen auch ihr hohes Alter zuhause, bei ihren Lieben, erleben.

All diese Zahlen belegen: Familiäres Zusammenleben in Deutschland ist vielfältig geworden. Und das alles ist gut so. Ich empfinde das als Moderne. Ich habe selbst ein Leben lang in einer monogamen Beziehung gelebt – meine Frau und ich sind nun fast 53 Jahre verheiratet. Wenn eine solche Langzeitbeziehung gelingt, dann ist das wunderbar. Aber selbstverständlich ist die traditionelle Ehe nicht mehr die einzige Möglichkeit, sich zusammenzutun und gegenseitige Verantwortung zu übernehmen. Und natürlich müssen die neuen Formen von Familie geachtet, gestützt und gefördert werden. Es wäre katastrophal, wenn wir die Pflegenden, die Alleinerziehenden, die Mehrgenerationenlebensgemeinschaften oder die Regenbogenfamilien kränken oder missachten würden. Diese Lebensgemeinschaften sind familienpolitische Realität. Man kann nicht der klassischen Familie hinterherweinen und sie politisch und steuerlich alimentieren – und die anderen Formen des Zusammenlebens mit und ohne Kinder oder alten Menschen ignorieren und benachteiligen. Vater-Mutter-Kind – diesem Modell wachsen seit den sechziger Jahren neue Varianten hinzu, sie sind Ausdruck unserer größeren persönlichen und gesellschaftlichen Freiheit – die ich als einen Gewinn betrachte. Es ist Zeit, dass die Familienpolitik dies anerkennt – auch rechtlich und steuerlich. Und ich freue mich, dass das Bundesverfassungsgericht inzwischen hier eine klare Linie zieht und zum Beispiel keinen Unterschied macht, ob ein Kind ehelich oder nicht-ehelich ist.

Mir ist bei aller Liberalität gegenüber neuen Formen des Zusammenlebens entscheidend wichtig, dass es die Menschen dabei gut haben. Wie sehr habe ich in den siebziger und achtziger Jahren die Heimerziehung beklagt und – wo immer ich konnte – Pflegefamilien angeregt. Die Pflegefamilien waren für die Kinder fast immer um ein Vielfaches besser als jedes noch so gut geführte Heim. Das Gleiche gilt aus meiner Sicht für die Internatserziehung im Gegensatz zur viel besseren häuslichen Erziehung im Familienzusammenhang. An Adoptionsfamilien kann man lernen, dass Familie nicht ausschließlich durch Gene bestimmt ist, sondern durch Zuwendung. Die entscheidende Frage ist: Habe ich jemanden gefunden, der für mich ohne Wenn und Aber eintritt, der mich begleitet und auf den ich mich immer verlassen kann? Ich kenne wunderbare Adoptionseltern, die ihre adoptierten Kinder aus dem größten Elend herausgeholt und ihnen eine Lebensperspektive organisiert haben. Kontinuität, Verlässlichkeit, Zugewandtheit – das sind die Stichworte, die Familie charakterisieren. Wer da mit wem biologisch verwandt ist oder auch nicht, ist unerheblich. Unseren Kindern und damit unserer gesellschaftlichen Zukunft helfen wir am meisten, wenn wir diejenigen unterstützen, die mit großem persönlichem Einsatz Kinder in ihrer Hausgemeinschaft aufwachsen lassen. Das gilt für die Regenbogenfamilie ebenso wie für das Mehr-Generationen-Hausprojekt, das gilt für die Alleinerziehende ebenso wie für die Patchwork-Familie.

Und in einem größeren Zusammenhang gilt dies auch für das Zusammenleben in Mehrgenerationenprojekten: Ein Mehrgenerationenleben ist gerade angesichts unserer demografischen Entwicklung die Chance, eine Familie zu finden, bei der die verwandtschaftliche Beziehung keine Rolle spielt. In den Zeiten, in denen Geschwister seltener und Eltern häufig zu Alleinerziehenden werden, ist das Zusammenleben mit älteren Menschen eine neue Möglichkeit, Familie zu leben. Hier können gestresste Eltern die Unterstützung finden, die sie in ihrem anstrengenden Alltag brauchen. Hier können die Kinder ihnen zugewandte Erwachsene finden, die ihnen verlässlich zur Seite stehen, wenn sie jemanden brauchen – als Begleitung zum Sport oder einfach nur zum Reden. Und da können auch einsame Ältere in eine neue Lebensaufgabe hineinwachsen. Mein Eindruck ist: Das Modell »Drei Generationen unter einem Dach« erlebt ein Comeback und zwar nicht das muffige und enge Modell der Vorkriegszeit, in der solch ein Zusammenleben oft aus der räumlichen und materiellen Not geboren war. Sondern der freiwillige Zusammenschluss Jüngerer und ihrer Kinder mit Älteren zu einer Wahlfamilie erscheint mir als gesellschaftliches Zukunftsbild. Dass in Deutschland, statistisch gesprochen, nur 1,39 Kinder pro Frau geboren werden und wir damit noch unter dem Durchschnitt der OECD-Staaten von 1,5 liegen, hat auch etwas mit der alltäglichen Belastung junger Eltern zu tun. Größere soziale Unsicherheit bei gleichzeitigem höherem beruflichen Stress – das hat Folgen. Sich mit der älteren Generation zusammenzutun, ist eine Chance, wieder mehr Leben leben zu können! Das Single-Dasein als Speerspitze der Modernität hat als Folie längst ausgedient. Es ist die – neue – Familie, die wieder zu einem erstrebenswerten Lebensmodell wird. Und darüber können wir alle nur froh sein.

Die veränderte Demografie ist für uns alle im westlichen Europa und in den anderen Industriestaaten eine enorme Herausforderung. Ich erlebe es als ein großes Glück, dass ich mit meinen mittlerweile neun Enkelkindern leben darf und dass ich hoffentlich noch Jahre habe, um sie zu begleiten und aufwachsen zu sehen. Meine Frau und ich haben früh geheiratet und früh unsere Kinder bekommen. Jenen, für die dies schon keine Realität mehr ist, jenen, die keine eigenen Enkelkinder haben, rate ich, sich umzusehen in ihrer Nachbarschaft, in ihrem Dorf, ihrem Stadtteil und ihre Mitarbeit in Einrichtungen für Kinder und Jugendliche anzubieten. In Kitas, Grundschulen, Jugendzentren gibt es eine große Offenheit gegenüber älteren Menschen, die sich einbringen wollen. Und aus mancher formellen Schul-Patenschaft ist schon ein herzlicher und familiärer Beistand für Familien geworden, die Hilfe dringend nötig haben. Und manch eine Familie unterstützt dann auch gern die Wahl-Oma, wenn sie selbst Hilfe braucht. Enge Bekannte von uns in Bremen, deren zwei Söhne in Berlin leben, wohnen nun in ihrem Haus mit einem jungen Paar und seinen beiden Kindern zusammen. Sie entwickeln Groß-vater- und Großmutter-Rollen für die Kinder, die jungen Eltern werden entlastet und es ist immer jemand im Haus, wenn die Älteren selbst Hilfe brauchen. Das tut allen gut. So kann eine moderne Familie aussehen!

Ein Mehrgenerationenleben

Ich habe durch meine eigene Biographie gelernt: Mehrgenerationenleben ist möglich innerhalb, aber auch außerhalb der Familie. Familie ist da, wo man zusammenlebt und nicht da, wo Blutsbande einen aneinanderschweißen.

Ich habe Zeit meines Lebens ein Mehrgenerationenleben gelebt: Aufgewachsen in einer Großfamilie, mit sechs Geschwistern und der Großmutter unter einem Dach, dann das Studentenleben in einer der ersten Wohngemeinschaften in Hamburg mit Frau und Säugling, später dann im evangelischen Studienwerk Villigst mit Studenten, Professoren und meiner jungen Familie, dann das eigene klassische Berufs- und Familienleben, und nun meine Altershausgemeinschaft: Das Zusammenleben mit Anderen, Jüngeren wie Älteren, hat mich entscheidend geprägt.

Ich bin durch dieses Aufwachsen mit anderen sozialisiert worden. Hier habe ich gelernt, dass das Leben mit anderen sehr viel besser gelingt, als wenn man versucht, alles alleine zu stemmen. Diese Sprüche – »Mach dein Ding« oder »Guck nicht auf andere, sondern gib Gas« oder »Sieh zu, dass du klarkommst« – halte ich nicht nur intellektuell und politisch für eine Sackgasse, sondern auch biografisch für einen Irrweg. Der Mensch ist ein soziales Wesen, kein Einzelgänger. Bei mir ist diese Sichtweise auch gar nicht erst aufgekommen, da ich Zusammenleben ja von Anfang an anders erlebt habe. Ich bin aber auch überzeugt, ich wäre nicht in die Politik gegangen, um Gemeinwesen zu gestalten, wenn ich nicht in Gemeinschaften aufgewachsen wäre und Gemeinschaft nicht auch gesucht hätte – durchaus auch in einem nicht-harmonistischen Verständnis von Gemeinschaft. Ich bin als Kriegsdienstverweigerer und Pazifist in die SPD eingetreten, als diese ihr Bekenntnis zur Wiederaufrüstung ablegte, mit Helmut Schmidt als strammem Vorkämpfer. Ich habe damals regelrecht intellektuelle Verrenkungen machen müssen, um meine SPD-Mitgliedschaft zu begründen – vor mir selbst und vor meinen Freunden. Aber ich wollte als politischer Mensch nicht alleine bleiben. Ich wollte nicht irgendwo in der Ecke sitzen und Recht haben, aber niemanden erreichen. Was nutzt das?

Ich habe durch mein gemeinschaftliches Leben mit anderen viel gewonnen. Insofern war auch bei mir das Private politisch. Viele Villigster Intellektuelle haben mich stark beeinflusst. Etwa der Theologe Heinz-Eduard Tödt, der als Professor nach Heidelberg ging, oder Helmut Keusen, der Leiter des Evangelischen Studienwerks. Tödt hat mir wissenschaftliches Arbeiten beigebracht. Nie werde ich vergessen, wie wir beide einen ganzen Vormittag einen nur zweiseitigen Schelsky-Aufsatz, »Ist Dauerreflektion institutionalisierbar?«, analysiert haben. Sorgfältiges Aufschlüsseln von Texten – das ist der Beginn. Und Keusen hat mir mit seiner Lebenserfahrung vermittelt, wie Gruppen gefördert werden, wie außergewöhnliche Projekte Faszination bewirken können und wie persönliches Vertrauen Menschen stabilisiert und sich entwickeln lässt. Später sind eine ganze Reihe von Freunden aus Villigst Professoren geworden, und wir haben stets den Draht zu ihnen gehalten. Die Gespräche mit ihnen haben mir Orientierung gegeben – auch für meine politischen Entscheidungen. Theo Strohm gehört dazu, Heinz Kimmerle, Albrecht Wellmer und viele andere. Hans Bosse aus meinem eigenen Werksemester wurde Professor für Ethnopsychoanalyse in Frankfurt, der Pate meines Sohnes. All diese Freunde haben mein Denken stark beeinflusst.

Die Menschen, mit denen wir leben, und sei es nur für eine gewisse Zeit, prägen uns, verändern und, ja, erziehen uns. Sie vermitteln uns eine andere Perspektive und bereichern so unsere Wahrnehmung der Wirklichkeit. Auch meine Kinder und ihre Freunde haben einen großen Einfluss auf mich, ich arbeite mich an ihren Positionen und Meinungen bis heute ab. Wir haben bei allen unterschiedlichen Einstellungen immer aufeinander geachtet und uns nicht aus den Augen verloren. Dabei hatten es meine Kinder nicht leicht mit mir – weil ich so viel weg war, weil ich immer in der Politik und in der Öffentlichkeit war und sie oft gar nicht mit mir einverstanden waren. Aber wir haben nicht aufgegeben, sind im Gespräch geblieben. Der Internationalismus meiner Kinder ist heute stärker ausgeprägt, als es meiner je war. Meine Kinder sind nicht nur mal ins Workcamp gefahren, wie ich das in meiner Jugend getan habe, sie haben nicht nur mal in Nicaragua Projekte begonnen, sondern sie haben teilweise ihren Lebensschwerpunkt ins Ausland verlegt, ihre Ausbildung, ihre Berufsperspektive. Sie sind mir auch mit ihrer Mehrsprachigkeit weit überlegen. Meine Frau und ich haben uns immer gefreut, wenn unsere Kinder Freunde mitbrachten und unser Haus voller junger kluger Leute war. In dieser Zeit habe ich von der jüngeren Generation ganz viel gelernt. Und das setzte sich dann fort mit den Schwiegerkindern und bis heute mit den Enkelkindern. Man kann nicht nur von den Alten lernen! Meine heutige Arbeit für Kinder-Kulturprojekte in Nicaragua hätte sich wohl kaum so entwickelt, wenn nicht meine jüngste Tochter in den achtziger Jahren dort ein Auslandsjahr verbracht hätte.

Ich habe es immer genossen, mit Menschen verschiedenen Alters zusammen zu sein: Die großen Geschwister, die mich mehr erzogen haben als meine eigenen Eltern, die Professoren, die mich intellektuell geprägt haben, die eigenen Kinder, die meine Politik und natürlich auch mich selbst einer peniblen Prüfung unterzogen haben. Die Enkelkinder, die mir zeigen, unter welchem Druck junge Familien heute stehen. Immer war es die andere Perspektive, die sich aus der anderen Alters- und dadurch unterschiedlichen Lebenslage ergab, die mich beschäftigte. Und ich wünsche mir immer noch, jetzt, da ich mit mehr oder weniger gleichaltrigen Freunden in einer Hausgemeinschaft lebe und meine Enkel nur am Wochenende oder in den Ferien sehe, es gäbe um mich herum wieder junge Leute, mit denen ich den Alltag teilen könnte. In diesem Jahr lebte bei uns noch die 17-jährige Friederike, doch die geht nun zum Studium, dann sind wir ohne Jugend im Hause. Eigentlich bräuchten wir als Gemeinschaft einen neuen Anlauf. Wir müssen uns überlegen, wie wir zu einer stärkeren Altersmischung kommen, so wie wir es am Anfang besprochen und gelebt haben und eigentlich immer noch wollen.

Der Gewinn der Altersmischung

Warum ist es so wichtig, dass Jung und Alt beieinander bleiben, abgesehen davon, dass man sich gegenseitig eine Stütze im Alltag ist und unser gesamtes Sozialsystem auf einem Generationenvertrag – Jung zahlt für Alt – basiert? Weil es anregend ist, weil man dadurch bewahrt wird zu glauben, dass alles das, was die eigene Generation gemacht und erlebt hat, das Non-plus-Ultra ist. Wer die Chance hat, mit mehreren Generationen zusammenzuleben, gewinnt neue Sichtweisen. Man sieht plötzlich auch die eigenen Schwächen, man sieht aber auch, wie es weitergeht und dass es auch anders weitergehen kann. Nach dem Zusammenbruch der Sowjetunion verkündete der amerikanische Politikwissenschaftler Francis Fukuyama, Vordenker der Neokonservativen, das Ende der Geschichte: Jetzt hat das parlamentarische System, die Demokratie, über den Totalitarismus gesiegt und jetzt können wir uns zurücklehnen – das war's, hieß es damals. Von wegen, das war's. Das ist eine völlige Fehleinschätzung gewesen. Die Geschichte geht weiter. Auch nach uns kommen Menschen, die Gemeinwesen gestalten werden, und natürlich wird es neue Regierungsformen geben. Solche Fehleinschätzungen können eigentlich nur zustande kommen, wenn man kommunikationsbeschränkt ist, wenn man nicht bereit ist, sich auch andere Blickweisen anzueignen. Und vor einer solchen Beschränkung können uns auch Mehrgenerationenmilieus bewahren, nicht zwingend, aber sie sind da durchaus hilfreich.

Auch für die Erziehung gilt das: Hirnforscher wie Gerald Hüther betonen, wie wichtig es für Kinder ist, mit verschiedenen Generationen in Kontakt zu sein. Ein Kind in Mehrgenerationenmilieus hat sehr viel mehr Anregungen, als wenn es nur mit seinen gestressten Eltern zu tun hat, die sagen, nun reiß dich zusammen und nun zieh endlich die richtigen Socken an oder nun putz deine Schuhe und nun mach endlich deine Schularbeiten und schon wieder läufst du mit kaputten Hosen rum. Plötzlich gibt es da andere Erwachsene, die sagen, du hast ja wunderbare Ideen und erzähl mir die mal und nun spiel mir mal das Stück vor, ich möchte das gerne hören, und deine

Hausaufgaben interessieren mich auch, ich möchte gerne lernen mit dir. Kinder, die die Möglichkeit haben, in Mehrgenerationenmilieus aufzuwachsen, erhalten in ihrem Alltag viel mehr Anregungen, als Kinder, die in Kleinfamilien eingegrenzt sind. Mehr Generationen bedeuten mehr Leben, und das weitet den Horizont. Kein Wunder, dass da mehr im Kopf passiert als in einer sozial begrenzten Biografie. Das extreme Gegenbeispiel zum Mehrgenerationenleben ist die Isolierung des Menschen, die, wie wir wissen, zu einem Kaspar-Hauser-Syndrom führt. Das heißt, mangelnde Zuwendung und Umsorgung können im Extremfall zu krankhaftem Hospitalismus führen.

Wer Kinder nicht anregt, wer Kinder nicht fordert, wer Kinder nicht mitnimmt, der muss sich nicht wundern, dass sie uninteressiert sind, gelangweilt und darüber anstrengend werden.

Beim Zusammenleben der Generationen geht es um mehr als um soziale Sicherheit und die Absicherung unserer sozialen Sicherungssysteme. Ich empfinde es als fatal, unsere Gesellschaft auf das Ökonomische zu reduzieren, so wie es in der Politik oft genug geschieht. Unsere Gesellschaft ist keine Maschine, die man am Laufen halten muss. Nein, wir wollen eine bunte und lebenswerte Gesellschaft, keine ökonomische Gleichung! Gesellschaft ist komplex, ganzheitlich. Zuwendung ist stärker als Geld. Zuwendung heißt, sich mit seiner ganzen Person dem anderen zuzuwenden, dem Jüngeren oder Älteren, und darauf zu hoffen, dass dieser das annimmt. Menschliche Gesellschaft ist ein Geschenk. In einem zuwendungsreichen Milieu kann ich ganz anders aufwachsen, als wenn ich Angst habe oder das Gefühl, dass mich keiner mag und ich überhaupt nicht richtig bei den anderen vorkomme. Menschen, die mit Zuwendung und Wertschätzung aufwachsen, sind später in der Lage, diese Zuwendung auch weiterzugeben. Die Psychologie hat genau dies festgestellt: Menschen, die als Kinder eine stabile Beziehung zu einem Erwachsenen erfahren haben, sind später in der Lage, Lebenskrisen sehr viel besser zu bewältigen, als diejenigen, die keinen sozialen Halt hatten und keine Liebe erfahren haben. Es mag sein, dass wir ein Mehrgenerationenleben brauchen, um unsere demografischen Verwerfungen abzufedern. Aber vor allem brauchen wir es für unsere eigene Persönlichkeit, unser Glück und unseren Halt. Und darum ist das Zusammenleben mit anderen, auch mit anderen Generationen, die Mitte unserer Menschwerdung und unserer Persönlichkeitsentwicklung. Die Generationen nur fiskaltechnisch verwalten zu wollen, ist zu wenig.

Mehr als Blutsbande

Familie als traditionelles Konstrukt wird zunehmend brüchig, da ist es an der Zeit, über Neues nachzudenken. Und das tut unsere Gesellschaft schon längst, schon länger, als es die Politik wahrnimmt. Wer sich die vielen Mehrgenerationenprojekte und Wahlfamilien ansieht, kann nur optimistisch sein. Denn eines habe ich in meinem Leben gelernt: Freunde können wichtiger und enger sein als möglicherweise die eigenen Geschwister. Familie kann man sich suchen.

Den ersten Schritt aus meinem eigenen Milieu hinaus habe ich an der Seite meiner Frau getan. An ihrer Seite habe ich mich auf viele neue Menschen eingelassen. Und die sind nicht in erster Linie unsere Familienangehörigen, sondern in erster Linie die, mit denen wir unsere Projekte gemacht haben, unsere Alltagssituation und unsere beruflichen Stresssituationen bewältigt haben. Und diese Menschen haben wir nicht einfach nur durch eine Art sozialen Durchlauferhitzer gleiten lassen, sondern sie sind uns als Langzeitfreunde ans Herz gewachsen. So ist es uns gelungen, eine große Zahl von Menschen, die nicht mit uns verwandt, aber uns ganz wichtig sind, ein Leben lang in unserer Nähe zu halten. Mal haben wir für eine Zeit zusammen gearbeitet, mal haben wir zusammen gelebt. Mal sind es Besuche, mal gemeinsame Reisen, mal soziale Projekte, dann wieder ist es die Unterstützung, wenn jemand krank ist, was uns zusammenhält. All diese Herzensfreunde haben uns getragen und tragen uns immer noch. Wir werden durch ein Netz gehalten, an dem wir nun schon ein Leben lang knüpfen. Familie ist mehr, als eine Gruppe von Blutsverwandten. Familie ist bei denen, mit denen wir leben wollen.

Kapitel 3
Gemeinsames Leben

Ein Hashuder kommt nicht ins Heim

Ich bin in der Bremer-Neustadt aufgewachsen, an deren Rand Hashude liegt. Diesem Stadtteil hing in meiner Kindheit ein rätselhafter Ruf an. Während die Erwachsenen einen Bogen um das Viertel machten, zog diese schäbige Gegend uns Kinder geradezu magisch an. Über die Jahre wurde mir bewusst, wie gut dort – trotz aller sozialen Probleme dieses Viertels – der Generationenzusammenhalt war und noch heute ist. Untereinander halten die Hashuder wie Pech und Schwefel zusammen. Ein Hashuder kommt nicht ins Heim. Wer hier alt wird, wird von seiner Familie versorgt. Wer in Schwierigkeiten kommt, den unterstützen die Nachbarn. Wer sich mit einem von ihnen prügelt, bekommt es gleich mit mehreren rauflustigen Geschwistern oder Freunden zu tun. In der Grundschule war ich mit mehreren Kindern aus Hashude in einer Klasse. Sie gehörten nicht zu den Besten, aber sie waren supergut, wenn es um Zusammenhalt ging. Sie halfen sich zum Beispiel bei der Schulspeisung. Die Hashuder hatten so viel Geschick, dass sie oft die doppelte Ration abbekamen. Untereinander waren sie fürsorglich: Die Großen nahmen die Kleinen an die Hand. Irgendwann haben sie mich zu sich nach Hause mitgenommen. Da war es in den winzigen Reihenhäuschen sehr eng und übervoll von Menschen. Mir ist in Erinnerung, dass immer etwas auf dem Herd kochte und brodelte, so dass jedem, der kam, etwas Warmes zu essen vorgesetzt werden konnte. Die Familien in diesem Viertel waren anders als die, die ich kannte. Rau ging es zu, aber auch herzlich. Die Männer schlugen sich mit Gelegenheitsjobs und manchmal auch anders durch, vor allem die Heranwachsenden versuchten immer wieder, die Grenze legalen Handelns auszudehnen, und die Frauen bekamen früh und viele Kinder. Unvergessen ist mir Frau Elmers mit ihren unglaublichen 23 Kindern, für die sie eimerweise Kartoffeln schälte. Inzwischen gibt es über 600 Hashuder, alles Mitglieder weniger Familien. Schon damals habe ich mich über den Kindergarten gefreut, der in der Mitte dieser Wohnanlage das Zentrum für alle war und es übrigens bis heute ist. Die ganze Anlage ist fast hundert Jahre alt und wurde für »unzumutbare« Mieter von der Stadt gebaut. Hier landeten die, die aus anderen Wohnungen herausgeklagt wurden – weil sie die Dielen verheizten oder im Suff Krach mit den Nachbarn anfingen. Was zunächst als soziales Vorzeigeprojekt gestartet war, wurde in der Nazizeit zum Lager für »Asoziale« mit Stacheldraht drum herum und Posten am Eingang. Noch heute steht einer dieser Lager-Pfosten auf dem Gelände. Zu meiner Schulzeit hatte sich die Lage wesentlich entspannt. Mir hat die ehemalige Kita-Leiterin, die in der Nachkriegszeit in Hashude auf dem Kindergartengelände auch selber wohnte, einmal erzählt, wie sehr sie sich in diesem schwierigen Milieu als Alleinstehende geschützt fühlte. Als ich als Sozialsenator für dieses Projekt zustän-

dig wurde, habe ich an meine Vertrautheit mit den Hashudern in meiner Schulzeit anknüpfen können. Die
Gleichaltrigen duzten mich und waren ausnahmslos gast-
freundlich. Ich habe beobachtet, wie sie die unterschiedlichen sozialen Dienste der Stadt gegeneinander ausspiel-
ten, um einen finanziellen Vorteil durchzusetzen. Sie
haben es dabei zu einer außerordentlichen Kompetenz
gebracht. Deshalb haben wir dafür gesorgt, dass nur
noch eine umfassend kompetente Adresse für solche Familien zuständig wurde. So kam Rainer Vosteen, ein
hochbegabter Gemeinwesenarbeiter, in dieses Viertel. Er
hat es fertig gebracht, dass aus Hilfeempfängern verantwortlich handelnde Nachbarn wurden. Wichtiger Schritt
dabei war, dass die Stadt den Hashudern die Häuser über-
eignete und nun jeder plötzlich großen Wert auf ein pro-
peres Haus und einen schmucken Garten legte. So wurde
mit der Zeit aus diesem früheren Ghetto ein lebenswerter
Stadtteil, in dem Menschen ihre bescheidene soziale Le-
benssituation meistern, weil sie – egal welchen Alters –
gut zusammenhalten.

Von Wahlomas und Zeitzeugen

Es mag sein, dass dieses Beispiel für manchen gewöhnungsbedürftig und exotisch ist, dennoch zeigt es, dass
Mehrgenerationenleben in Deutschland lebendig ist – allen reißerischen Mediengeschichten à la »Kampf der Generationen« zum Trotz. Es existiert über alle sozialen Milieus hinweg, sowohl abhängig als auch gerade nicht
abhängig von Familienbanden, sowohl als private Initia-

tive von Freundeskreisen als auch in organisierter Form. Es gibt kleine bescheidene Initiativen, die vielleicht einmal die Woche Jung und Alt zusammenbringen, und es gibt anspruchsvolle Lebensprojekte, in denen Angehörige verschiedener Generationen ihren Alltag teilen. Mehrgenerationenleben ist aus Deutschland nicht wegzudenken und es ist sehr viel bunter, als es sich so mancher Sozialpolitiker vorstellen kann.

Die Bereitschaft vieler alter Menschen, sich materiell auch außerhalb der Familie am Gemeinwesen zu beteiligen, ist ein handfestes Indiz dafür, dass der Generationenzusammenhalt funktioniert. Das ist auch an den vielen Stiftungen zu erkennen, deren Arbeit so manche gesellschaftspolitische Lücke schließt. Allein 2012 wurden 645 neue Stiftungen gegründet, bundesweit gibt es nach Zahlen des Bundesverbandes Deutscher Stiftungen knapp 20.000. Sie verwalten insgesamt etwa 100 Milliarden Euro und schütten jedes Jahr rund 5 Milliarden Euro aus – überwiegend für karitative Zwecke, für Kinder, für alte Menschen, für benachteiligte Familien. Die Spendenbereitschaft insgesamt in Deutschland ist trotz der Eurokrise erstaunlich hoch. Im Jahr 2012 spendeten die Bürger rund 4,2 Milliarden Euro, heißt es beim Deutschen Spendenrat. Es gebe sogar einen Anstieg der Neuspender. Insgesamt gaben rund 22,5 Millionen Deutsche aus ihrem privaten Vermögen etwas ab. Es sind eben nicht nur ein paar große Wohltäter, die soziale Projekte in diesem Land und anderswo in der Welt möglich machen. Es sind die vielen bescheidenen Spenden, von denen unser Gemeinwesen profitiert. Und sie sind der materielle Be-

weis dafür, dass viele bereit sind, jenseits von Verwandtschaft Verantwortung für andere und natürlich auch für
Angehörige anderer Generationen zu übernehmen.

Doch es ist mehr als Geld, was uns zusammenhält.
Mittlerweile gibt es in Deutschland eine Vielzahl von Initiativen, die in vielfältigen Formen die Generationen neu
zu verbinden versuchen. Das Projektbüro »Dialog der Generationen« geht von bundesweit mehreren 10.000 Projekten aus. Darunter sind die unterschiedlichsten Aktivitäten – vom Großelterndienst, über Zeitzeugenarbeit bis
hin zu bürgerschaftlichem Engagement.

Dass es zudem privates Engagement weit über diese
organisierten Projekte hinaus gibt, zeigt das Beispiel einer engen Freundin von uns. Sie hat als Krankenschwester in der Psychiatrie gearbeitet und hatte über diese Arbeit einen engen Draht zu vielen betroffenen Familien.
Manche von diesen Familien, die Schweres durch-
gemacht haben, hat sie, nachdem sie aufgehört hatte zu
arbeiten, weiterhin ehrenamtlich begleitet. Sie ist für
diese Familien so etwas wie eine Leihoma gewesen, in einer Zeit, in der es diesen Begriff noch gar nicht gab. Inzwischen ist sie selbst hoch in den Achtzigern und erzählt immer noch begeistert von »ihren« Familien – was
aus den Kindern geworden ist, wer sich nach einer schweren Depression wieder gefangen hat oder wer sehr viel
besser im Umgang geworden ist. Sie ist damals Woche
für Woche zu den betroffenen Familien gegangen, um
für die Kinder zu kochen oder ihnen bei den Hausaufgaben zu helfen, weil etwa die erkrankte Mutter das nicht
konnte und der Vater mit seiner Berufstätigkeit und der

desolaten Situation zuhause überfordert war. Das war unglaublich anspruchsvolle Arbeit, die Autorität und Einfühlungsvermögen zugleich voraussetzt. Ich habe sie dafür immer sehr bewundert, dass sie sich ein solches Engagement zutraute, ohne institutionellen Schutz, ohne Rückzugsmöglichkeiten und so nur allein mit ihrer Person, ihren Ideen, ihren praktischen Hilfen ein Familienleben für andere möglich gemacht hat. Hierzu braucht man soziale Kompetenz, hierzu muss man gut kommunizieren können, muss sich auch in schwierige oder zornige, in verzweifelte oder hilflose Menschen hineindenken können. Mir ist bewusst, dass dieses Engagement sehr viel anspruchsvoller ist, als eine »normale« Familie in ihrem Alltagsstress zu begleiten – auch wenn das schon anstrengend genug sein kann.

Großelterndienste sind inzwischen zu einer bundesweiten Bewegung geworden – über 200 solcher Initiativen haben sich bislang bei der Landesentwicklungsgesellschaft Thüringen gemeldet, die versucht, die Dienste zu vernetzen. Ich kenne in Bremen eine ganze Reihe von Leih-Omas und -Opas persönlich – ich nenne sie lieber Wahl-Großeltern, denn oft genug entwickelt sich aus einem anfänglichen Hilfsprojekt ein zugewandtes, familiäres Verhältnis. Die Freiwilligen-Agentur in Bremen hält einmal im Jahr im Rathaus eine Ehrenamtsmesse ab. Nicht nur hier kommen Tausende zusammen, die sich engagieren wollen. Die meisten von ihnen sind pensioniert, zwei Drittel sind Frauen. Viele sind alleinstehend, einige leben zusammen mit ihren Ehepartnern, wollen aber trotzdem etwas tun und nicht einfach nur von morgens bis abends mit sich selbst beschäftigt sein. Also melden sie sich bei der Agentur und geben an, wie viel Zeit in der Woche sie für eine andere Familie erübrigen wollen. Das können zwei Stunden in der Woche sein oder auch tägliche Besuche. Danach sucht die Freiwilligen-Agentur die passende Familie aus. Und das ist die Kunst. Schließlich geht es hier nicht um ein Arbeits-, sondern um ein Vertrauensverhältnis. Die Richtigen zusammenzubringen – das bedeutet Herantasten: Da geht es um kurze Wege, um Bildungsstand, um das soziale Milieu. Vielleicht kennt man sich sogar aus der Nachbarschaft? Letztlich müssen die Agenturen herausfinden, ob sich die Parteien vertragen oder nicht. Dazu gibt es eine begleitete Einführung in die Familie, bei der alles besprochen wird. Und wenn es gut geht, dann wird aus einem Projekt eine Wahlverwandtschaft. Dann sieht man sich nicht mehr nach Terminplan, sondern auf Zuruf. Immer wenn es notwendig ist, kommt jemand ins Haus, freut sich, gebraucht zu werden, und gehört richtig dazu. Das sind Traumlösungen, und die gibt es in erstaunlich großer Zahl. So kommen viele Kinder in diesem Land mittags zu einem warmen Essen, viele berufstätige Eltern wissen ihre Kinder begleitet beim Tanzen, beim Reiten oder beim Fußball und viele ältere Menschen haben so jeden Tag einen Grund, aufzustehen und sich auf etwas zu freuen. Für mich sind diese Großelterndienste die Keimzelle für neue familiäre Bindungen in einer Zeit, in der durch Mobilität und Demografie das Zusammenleben mit eigenen Enkelkindern nicht mehr selbstverständlich ist.

Es gibt natürlich auch generationenübergreifende Projekte, die weniger familiäre Nähe voraussetzen. Nicht jedermann ist bereit, sich auf eine fremde Familie einzulassen. Das bedeutet aber keinesfalls, dass man zum sozialen Rückzug verdammt ist und keinen Kontakt mit jungen Menschen pflegen kann. Ein gutes Beispiel hierfür ist die Zeitzeugenarbeit, bei der Ältere in der Regel Schulkindern von ihren Erfahrungen im Nationalsozialismus und aus der Kriegszeit berichten. Ein alter Freund von mir ist hier engagiert, Karl Lüneburg, einst ein glühender Hitlerjunge, der als Flakhelfer und im Volkssturm furchtbar unter die Räder gekommen ist und den Krieg nur mit großem Glück überlebt hat. Später ist er Ingenieur geworden, war Betriebsratsvorsitzender, ist in die Bürgerschaft gewählt worden, war Ortsamtsleiter. Karl hat sich mit anderen zusammengetan und einen Film über seine Zeit in der Hitlerjugend und seine bitteren Erfahrungen mit dem Nationalsozialismus gedreht. Mit diesem Film geht er in Schulen und erzählt den Kindern und Jugendlichen, wie er von den Nazis verdreht worden ist, was ihn damals alles beeindruckt hatte und wie er schließlich gemerkt hat, dass ihn die Nazis in die Irre geführt haben und wie er aus dieser großen Verführung, dieser Massenhysterie herausgekommen ist. Das machen er und andere nun schon über zwanzig Jahre. Mit dabei ist auch Detlef Dahlke, mit dem ich die »Internationale der Kriegsdienstgegner« gegründet habe. Detlef Dahlke ist ein alter IG-Metaller, Betriebsrat, überzeugter Pazifist. Er ist jetzt Mitte achtzig, fit und klar im Kopf, dabei bescheiden – das kommt gut bei den Jugendlichen an. Der Dritte im

Bunde ist Ludwig Baumann, der dafür gesorgt hat, dass die Deserteure des Zweiten Weltkrieges rehabilitiert wurden. Ludwig Baumann selbst ist als Soldat im Zweiten Weltkrieg desertiert und war mit dem Tode bedroht, weil er den Krieg der Nazis nicht mittragen wollte. Er, ein einfacher Mann, hat sich mit einer unendlichen Zähigkeit eine große Öffentlichkeit erarbeitet und hat die Rehabilitation der Deserteure in Deutschland entscheidend beeinflusst. Wie wurde er dafür beschimpft, dass er sich öffentlich hingestellt hat und zugab: »Ich bin ein Deserteur.« Aber er hat es geschafft, diesen Männern Anerkennung und eine Rente zu verschaffen. Inzwischen hat er einen Orden für seine Arbeit bekommen, obwohl ich mir sicher bin, dass ihm diese staatliche Aufmerksamkeit nicht besonders wichtig ist. Er kämpft für seine Sache, und das hält ihn fit. Ich bin überzeugt, er braucht den Kontakt zu jungen Menschen. Es tut ihm gut, unter Kindern und jungen Leuten zu sein. So geht es mir persönlich doch auch. Wenn man mich einsperren würde, würde ich nicht mehr so fit sein und all das schaffen, was ich heute noch schaffe. Ich erlebe diese drei Männer in ähnlicher Weise, wie ich mich selbst erlebe. Dabei sind sie noch älter als ich. Der Umgang mit den Jungen hält sie jung. Und die Jungen profitieren von ihren Erfahrungen und ihrer Haltung. Diese Männer sind authentisch. Da erzählt einer aus seinem gelebten Leben und gibt zu: Ich habe nicht immer alles richtig gemacht, ich habe Angst gehabt, ich habe mich verführen lassen, aber ich habe daraus gelernt. Mir hat ein Lehrer berichtet, dass manche seiner Schüler sich zum allerersten Mal im Unterricht beteiligt hätten, so beeindruckt waren sie von diesen alten Männern. Und das ist nur möglich, weil diese nicht mit dem Zeigefinger kommen und sagen: »Wir sind die Besseren und ihr seid die doofen Unpolitischen.« Ich empfinde dieses Engagement als einen wunderbaren Austausch für beide Generationen.

Die Projekte, bei denen Jung und Alt zusammen etwas tun können, für sich und für andere, können ganz bescheiden sein. Da gibt es die Frühjahrsputz-Aktionen der Gemeinden, bei denen sich Alte und Schulklassen engagieren – überall kommen jedes Jahr Tausende zusammen, die sich über herumfliegende Plastiktüten oder weggeworfene Bierdosen in den Büschen ärgern und gemeinsam den Müll einsammeln. Und das machen sie mit einer Begeisterung, die ist ansteckend! Aber es gibt auch Graswurzelprojekte, die eine weite Ausstrahlung besitzen. Ich bin für die Antidiskriminierungsstelle der Bundesregierung auf der Suche nach solchen Projekten gewesen. Hierbei bin ich in Bremen auf eine Gruppe gestoßen, junge arbeitslose Schauspielerinnen und Schauspieler, die sich mit Bewohnern der Altenwohnanlage Haus-im-Viertel zusammengetan haben – der Älteste von ihnen ist 88 Jahre alt. Diese bunte Theatertruppe hat sich ausgedacht, wie man Altersdiskriminierung auf die Bühne bringen kann. Und da stehen nun die alten Menschen mit den jungen Schauspielern auf der Bühne und zeigen in verschiedenen Szenen, wie Altersdiskriminierung aussieht und was man dagegen tun kann. Es handelte sich dabei um eigene Erlebnisse der

Mitspielenden. Sie haben Kompetenz-Verluste wie Schwerhörigkeit und Bewegungs-Einschränkungen dargestellt und dazu die Chancen für Hilfe gezeigt. Mir als Zuschauer ist dabei klar geworden, dass unter uns Menschen leben, die hilfsbedürftig sind – und solche, die helfensbedürftig sind. Jedes Theaterstück ist dabei work in progress, keine Inszenierung gleicht der anderen. Ein generationenübergreifendes Projekt, das zugleich den Umgang der Generationen untereinander thematisiert – mehr auf den Punkt kann man das Thema nicht bringen.

Die Gesellschaft ist weiter als die Politik

All diese Projekte zeigen: Jung und Alt können sehr wohl miteinander – allen Klagen zum Trotz. Diesen gesellschaftlich ausgesprochen sinnvollen Trend hat auch die Bundesregierung erkannt, die seit 2006 bundesweit 500 »Mehrgenerationenhäuser« als Begegnungsstätten für Jung und Alt unterstützt. Sie bieten Kinder- und Altenbetreuung und generationenübergreifende Aktivitäten unter einem Dach an. »Neues nachbarschaftliches Miteinander« ist das Ziel. Das alles ist vorbildlich und es gibt hierunter schöne Projekte. Doch schade ist, dass dieses Programm über die Anschubfinanzierung für ein paar hundert Projekte nicht hinausgekommen ist. Denn wir sind jetzt in einer Phase, in der man nicht mehr das Problem präsentieren muss, sondern in der man in der Breite verlässliche Strukturen und Angebote braucht. Und da fehlt praktisch alles, da gibt es weder kommunale Strukturen noch finanzielle Töpfe. In Bremen hatten wir ein Programm aufgelegt, WIN – Wohnen in Nachbarschaften, das die Bundesregierung auf Null gekürzt hat. Dieses Projekt müssen wir nun mit unserem Bremer Nothaushalt selbst stemmen. Das ist ein Mehrgenerationenprojekt, das auf ein ganzes Quartier angelegt ist. Ausgangspunkt ist die Frage: Wie kann man Nachbarschaften aufwerten und aus einem Nebeneinander ein altersgemischtes Leben machen? Da wurden Cafés und Treffpunkte gegründet und nachbarschaftliche Mittagstische etabliert. Erfolgreich. Doch nun ist die Finanzierung gefährdet. Und das betrifft bundesweit auch andere generationenübergreifende Projekte, von denen unsere Gesellschaft profitiert.

Die vielen Mehrgenerationenprojekte zeigen, dass unsere Gesellschaft an dieser Stelle schon viel weiter als die Politik ist. Selbst Politiker leben in diesem Sinne moderner, als die Strukturen unserer Politik es widerspiegeln. Ich denke da an die Ministerpräsidentin von Rheinland-Pfalz, Malu Dreyer. Sie ist mit Klaus Jensen (SPD), dem Oberbürgermeister von Trier, verheiratet, einem Witwer mit drei Kindern. Mit dieser Patchwork-Familie ist Malu Dreyer nach Schammatdorf in Trier, in ein Mehrgenerationenprojekt gezogen, in dem sie nun seit Jahren glücklich lebt. Sie selbst sagte einmal über dieses Wohnprojekt in der taz: »Das Schammatdorf ist das älteste Wohnprojekt in Rheinland-Pfalz. Und da wohnen, ich sag's jetzt einmal sehr platt, Arme, Reiche, Kinderreiche, Alleinstehende, Alte, Junge, Behinderte, Nichtbehinderte. Und das ist einfach toll. Ein Spiegelbild der Gesellschaft, wie ich

Gemeinsames Leben

sie mir vorstelle, wo niemand ausgesondert wird, sondern alle zusammenleben und jeder seine Fähigkeiten einbringen kann. Toll ist auch das Verhältnis von Distanz und Nähe. Jeder hat seine eigene Wohnung und kann allein sein, sich aber auch einbringen, wenn er Lust hat. Ohne ein gewisses Interesse am sozialen Miteinander ist man da aber echt nicht gut aufgehoben.« Ich habe den Eindruck, meine Parteifreundin Malu ist in einer Großfamilie gelandet. Und dieses Leben strahlt auf ihre Politik aus, ihre gesamte Arbeit als Ministerpräsidentin macht sie mit diesem Hintergrund. Als sie 2013 ihre Regierungserklärung abgegeben hat, habe ich mich gefreut, dass sie das Zusammenleben der Generationen zum wichtigsten Thema ihrer Arbeit erklärt hat.

Nicht allein und nicht ins Heim

Wir müssen die demografisch veränderte Gesellschaft mit anderen Antworten als nur mit der auf die Rentenfrage angehen, wir müssen zusammenziehen und uns gegenseitig stützen. Ich bin überzeugt: Das, was Malu Dreyer mit ihrer Familie lebt, ist nicht exotisch, sondern die Zukunft. Und das spüren inzwischen viele Menschen, auch wenn die Statistik hierzu keine belastbaren Zahlen hergibt. Verschiedene Studien zeigen ja auch: Aus einer links-alternativen Graswurzelbewegung ist längst eine bürgerliche Angelegenheit geworden. Die Zahlen gemeinschaftlicher Wohnprojekte, so sehr sie variieren, steigen laut Einschätzung von Raumplanern seit den neunziger Jahren stark und erleben geradezu einen

Boom. Hausgemeinschaften und Mehrgenerationenhäuser werden zunehmend zum Traummodell – ein Prozent der Deutschen leben in ihnen, aber zwanzig Prozent träumen von ihnen, hieß es im Frühjahr in der Ausstellung »Netzwerk Wohnen. Architektur für Generationen« des Deutschen Architekturmuseums. 2011 erfasste zum Beispiel das Leibniz-Institut für Länderkunde bundesweit rund 500 gemeinschaftliche Wohnprojekte, in denen insgesamt über 22.500 Menschen leben. Vor allem in den Ballungsräumen Hamburg, Berlin, München, Ruhrgebiet, aber auch in Bremen, Hannover, Freiburg im Breisgau und im Rhein-Main-Gebiet. Im »Wohnprojekte-Portal«, einer Kooperation dreier Vereine beziehungsweise Stiftungen, die sich dem gemeinschaftlichen Wohnen verpflichtet haben, sind derzeit über 200 explizite Mehrgenerationenwohnprojekte verzeichnet – Projekte von der WG, über die Baugemeinschaft bis hin zur Siedlungsgemeinschaft.

Auch auf meinen Lesereisen ist es immer wieder Thema: Wie wollen wir in Zukunft leben? Und die Antwort lautet immer öfter: gemeinsam.

Während in den siebziger Jahren gemeinschaftliche Wohnprojekte sicher vor allem einen »emanzipatorischen Ansatz« verfolgten, wie es der Raumplaner Micha Fedrowitz von der Technischen Universität Dortmund formuliert, entstanden in den achtziger Jahren die ersten »Projekte mit einer expliziten Orientierung auf Zielgruppen«, zum Beispiel Frauen, Alleinerziehende aber auch alternativ wirtschaftende Kommunen oder bauökologische Siedlungen. »In den 1990er Jahren entwickelte sich ein Schwerpunkt von Projekten speziell von und für ältere Menschen nach dem Motto »Nicht allein und nicht ins Heim«, schreibt Fedrowitz. »Im neuen Jahrtausend werden zunehmend die synergetischen Effekte des altersgemischten Wohnens entdeckt, und es entstehen immer öfter Mehrgenerationen-Wohnprojekte.« Einleuchtend, dass der demografische Wandel diese Entwicklung vorantreibt.

Gemeinschaftliches Leben ist angekommen, gehört zum guten Ton. Das haben auch die Wohnungsbaugesellschaften wahrgenommen und werben inzwischen mit Wohngemeinschaften und Mehrgenerationenprojekten. Das, was mal aus der studentischen WG-Bewegung entstanden ist, hat inzwischen eine bundesweite Strahlkraft über alle gesellschaftlichen Schichten hinweg. Ich habe bei dem Neujahrsempfang der nordrhein-westfälischen Wohnungsbaugenossenschaften gesprochen und war beeindruckt allein von der Fülle an Gemeinschaftsprojekten, die die Genossenschaften dieses Bundeslandes aufgelegt haben. Die wollen ihre Bewohner, die zum Teil seit Jahrzehnten bei ihnen wohnen, im Alter nicht allein lassen und suchen nun nach alternativen Wohnformen für sie.

Es ist deutlich, dass in einer demografisch dramatisch veränderten Gesellschaft die traditionellen Wohnformen nicht mehr passen und dass vielleicht nicht alle, aber doch ein erstaunlich wachsender Teil von Menschen etwas anderes will und Gemeinschaftsprojekte nachfragt. Nun entwickelt sich der Markt entsprechend. Das zeigen zum Beispiel die vielen Baugruppen in Großstädten wie Berlin, die altersgemischte Wohnprojekte umsetzen. Und das zeigen die Wohnungsbaugenossenschaften landauf, landab, die ihre Häuser langsam umrüsten und für alternative Wohnformen öffnen. Die Varianten, wie Menschen zusammenleben wollen, sind dabei vielfältig und individuell. Nicht jeder will in einem durchorganisierten Mehrgenerationenprojekt mit Haussprechern und festen Verpflichtungen leben, aber immer mehr Deutsche wollen alternative Wohnformen – etwa für ihr eigenes Altersleben. So möchten laut einer repräsentativen Umfrage bereits 14 Prozent der Über-45-Jährigen später im Alter mit Freunden oder Bekannten zusammenleben. Nach einer anderen Umfrage wünscht sich ein Fünftel der Befragten ein Seniorenleben im Mehrgenerationenhaus. Deshalb bin ich optimistisch, dass sich Co-Housing, wie Wissenschaftler das gemeinschaftliche Wohnen nennen, auf absehbare Zeit als ein stabiler Teil der veränderten Wohnungssituation durchsetzen wird.

Hamburger Freunde von uns haben diese Entwicklung schon vor Jahrzehnten vorweggenommen. Rainer und Lotte, ein kinderloses Ehepaar mit ausgesprochen anspruchsvollen Berufen, haben sich mit einer jüngeren Familie mit zwei Kindern zusammengetan. In der Ausgangssituation haben also in dem alten Stadthaus in Eimsbüttel drei Generationen unter einem Dach gelebt. Und dann haben diese Sechs nacheinander die Mütter von Rainer und Lotte aufgenommen und bis zum Tode begleitet. Ich werde mein Lebtag nicht vergessen, wie ich einmal auf der Toilette in diesem Haus war und dort zwei

Sorten von Windeln vorfand – die für die Kinder und die für die Alten. Mittlerweile hat dieses Lebensmodell auf die Nachbarhäuser in Eimsbüttel ausgestrahlt. Inzwischen vier solcher Mehrgenerationenhäuser gibt es allein in ihrer Straße – alles private Projekte, die miteinander vernetzt sind und sich im Alltag gegenseitig aushelfen.

Stellschrauben für Sozialpolitiker

Die Menschen sind an diesem Punkt weiter als die Politik. Und das liegt auch an der Sozialpolitik. Diese ist über das Jahrhundert der Sozialversicherung institutionalisiert worden. Wer sich mit Sozialpolitik auf Bundesebene beschäftigt, ist Rentenexperte, Sozialversicherungsexperte, Krankenkassenexperte und bewegt Budgets, die zwischen 200 und 550 Milliarden Euro liegen und damit größer sind als der Bundeshaushalt. Und natürlich sind solche Apparate nicht verteilungsgerecht – weil sie nicht flexibel sind, weil sie den Lebensverhältnissen hinterherhinken. Durch sie verändert sich auch die Perspektive eines Sozialpolitikers. Doch Sozialpolitik besteht nicht nur aus dem Verteilen von gigantischen Budgets. Sondern Sozialpolitik besteht auch und gerade darin, dass ich dort, wo Menschen zusammenleben und sich gegenseitig helfen, Unterstützung und gesicherte Rahmenbedingungen biete. Und genau hier muss sich etwas ändern. Das Problem sind nicht die fehlenden Gelder für die Sozialpolitik. Das Problem ist der Systemwechsel, die Makro- und die Mikroebene miteinander zu verbinden. Die Frage ist für den Sozialpolitiker: »An welcher Stellschraube soll ich drehen, damit es einer Gruppe der Bevölkerung besser geht – und was passiert dann mit dem Rest? Wo fehlen dann plötzlich die Gelder?« Und dann werden Gutachten plötzlich wichtiger als eigene Erfahrungen. Doch was, wenn das Gutachten von einer falschen Annahme ausgeht? Was, wenn man sich mit widersprüchlichen Gutachten zunageln lässt? Die Sozialpolitik muss sich wieder freischwimmen. Wie bekomme ich die Gelder dahin, wo sie gebraucht werden? Die Antwort hierauf sind aus meiner Sicht dezentralisierte Töpfe. Wir müssen nicht alles zentral verwalten wollen, sondern die kommunale Verantwortung stärken. Sozialpolitik muss wieder vor Ort sichtbar sein, sie muss weg von den gigantischen, zunehmend unbeherrschbaren bürokratisierten Institutionen. Ich wünsche mir eine Verstetigung der Finanzierung von Mehrgenerationenprojekten, und das wird nur über die kommunale Ebene möglich sein. Denn hier hat man den Überblick über die Projekte, hier weiß man, was funktioniert und was nicht.

Die Phantasie von Architekten ist gefordert

Das Geld ist das eine. Doch in welche Strukturen müssen die Gelder gelenkt werden, um Mehrgenerationenleben in Deutschland zu ermöglichen? Nur fünf Prozent des Wohnungsbestandes sind altengerecht ausgelegt. Aktuell fehlen laut einer Studie des Instituts für Demoskopie Allensbach und des Zukunftsfonds der Versicherung Generali 2,5 Millionen altengerechte Wohnungen. Und das Problem wächst, wie wir wissen.

Dabei genügt es natürlich nicht, Wohnungen altenge-recht zu sanieren. Es ist ein wichtiger Teil, aber nicht ausreichend. Diese Zahlen zeigen, dass wir über Jahr-zehnte, generationenlang für eine andere Gesellschaft gebaut haben, für eine Gesellschaft, die es so gar nicht mehr gibt. Ein Nebeneinander von Millionen Kernfamili-en, das entspricht nicht mehr unserer bundesdeutschen Realität. Die Architekten hatten bisher vor allem junge Familien als Verbraucher gesehen. Und diese hatten ein vitales Interesse an einem Leben auf mehreren Ebenen, mit hohen Treppen und einer Kammer auf dem Boden, in der die pubertierenden Kinder sich zurückziehen konnten. Aber wie lebt es sich heute in einem solchen schmalen Stadthaus? Da komme ich als alter Mensch doch gar nicht mehr die steilen Treppen hinauf. Und auf den einzelnen Ebenen ist zu wenig Platz, um Küche, Bad, Wohn- und Schlafzimmer barrierefrei unterbringen zu können. Wir haben, was die Architektur und Städte-planung in Deutschland anbelangt, ein hoch anspruchs-volles, gigantisches Umbauprogramm vor uns. Dabei geht es nicht um Luxus, es geht um Lebensnähe. Wir brauchen kostenbewusste, nachhaltige Wohnanlagen, nutzbar für verschiedene Altersgruppen. Und ich bin überzeugt: Das kann man doch zusammenbringen. Kleine Kinder sind durch hohe Treppen genauso gefähr-det wie alte Menschen, die jungen Eltern mit dem Kin-derwagen profitieren von einer barrierefreien Bauweise genauso wie der Rollstuhlfahrer. Das ist eine große Auf-gabe für Architekten und ich spüre, die Botschaft ist an-gekommen.

In der sogenannten Weimarer Erklärung formulierten Architekten, Designer, Wissenschaftler und Unternehmer 2009 Leitideen für ein altersunabhängiges Universaldesign für Produkte – vom Handy bis zum Haus. »Es gibt zahlreiche Unterschiede in den heutigen Lebenswelten von Jungen und Alten, von Gesunden und Kranken, von Menschen mit und ohne Handicap«, heißt es zu Beginn dieser Erklärung, die sich in der Tradition des Bauhauses sieht und Funktionalität für die Menschen in den Vordergrund stellt. Flexibilität, Bedienungsfreundlichkeit, minimaler physischer Aufwand – das nützt jedem, egal wie alt. Diesen Gedanken konsequent zu Ende denken, bedeutet: Lebenslanges Wohnen. Keine Häuser oder Siedlungen für Alte oder Junge. Keine Seniorenstifte oder Jugendzentren. Mix ist schick!

Ein Beispiel für generationengemischtes Bauen ist die »Fleetstube« in Borgfeld bei Bremen, eine Art Mensa für die benachbarte Schule und die örtlichen Alteneinrichtungen, getragen von der Bremer Heimstiftung und unterstützt von einer Millionenspende des Eduscho-Eigentümers Schopf. In Borgfeld liegen, nur durch einen Gehweg getrennt, die Ganztagsgrundschule und eine wachsende Anzahl von Altenwohngemeinschaften. Mit der Spende hat dort die Annen-Stiftung ein großzügiges, ebenerdiges Lokal gebaut, in dem Lehrlinge das Kochen und Servieren lernen und die Schulkinder und die Alten aus der Nachbarschaft Tag für Tag gemeinsam essen können.

Etwas Ähnliches ist im Haus im Viertel entstanden. Dort wurde ein 200 Jahre altes Fundament der Stadt Bremen liebevoll umgebaut. Hier ist eine Art Kulturzentrum mit Lokal entstanden, in dem alle aus der Nachbarschaft essen können – die Alten, die in der Anlage wohnen, die Jungen, die dort in den Kindergarten gehen und die Berufstätigen aus dem Viertel, die dort ein günstiges und leckeres Mittagessen einnehmen können. Alle Generationen mittags um einen Tisch. Das ist sehr gelungen. Die Bremer Heimstiftung hat es sich inzwischen zum Grundsatz gemacht, in jedem ihrer Stadtteilzentren einen Kindergarten und eine Küche zu integrieren, so dass die Altersquartiere aufgemischt werden. In diesen kleinen Küchen kann es gar nicht erst zu solchen flächendeckenden Erkrankungen kommen, wie es im Herbst 2012 der Fall war, als in Ostdeutschland elftausend Kinder aufgrund verdorbener Erdbeeren an Durchfall und Erbrechen litten. In den kleinen Küchen wird vor Ort gekocht, da wird keine Containerware aufgewärmt, das schmeckt dann auch nicht industriell, sondern mal so mal so. Davon profitieren alle und alle sind total angetan. Es gibt Kinder, die in diesen Nachbarschaftsküchen lernen, sich bei Tisch zu benehmen – nicht mit Fingerzeig, sondern weil es ihnen die Alten vorleben. Und die Alten bleiben am Leben dran, erfahren Neues und Anregungen in ihrem Alltag. Das ist nicht einfach nur eine Kantine, das sind kleine Kulturzentren für alle Generationen.

Es geht doch – Die Friedrichshagener

Um in einem Mehrgenerationenprojekt zu leben, muss man sich nicht von vornherein kennen oder miteinander befreundet oder gar verwandt sein. Es gibt mittlerweile viele Architekten, Wohnungsbaugenossenschaften oder auch privat initiierte Baugruppen, die Mehrgenerationenwohnprojekte für Interessierte anbieten.

Vor kurzem habe ich Moritz Puschke, den Geschäftsführer unseres Chorverbandes besucht. Er lebt mit seiner Familie in einem Dreigenerationenprojekt in Friedrichshagen bei Berlin. 14 Familien leben hier in drei modernen Häusern auf viereinhalb Etagen. Die Häuser sind Holzkonstruktionen, bauökologisch durchgeplant, aber keineswegs Luxusbauten, sondern familiengerecht. Nach Friedrichshagen gekommen sind die Puschkes über den Architekten und Initiator des Wohnprojektes, der übrigens dort auch selbst lebt. Die Bewohnerstruktur ist gemischt. Ein Teil der insgesamt vierzig Bewohner stammt aus dem Osten, die anderen sind zugewanderte Westdeutsche. Und sowohl Alter – die Älteste ist 88, es gibt 15 Kinder – als auch die Berufe sind höchst unterschiedlich – einer ist Busfahrer, eine andere Krankenschwester, der Vater von Moritz Puschke, der auch hier lebt, ist pensionierter Pastor. Was mich begeistert, ist, dass diese Art zu bauen und zu leben auch für Familien erschwinglich ist, die kein großes Vermögen haben – die Puschkes etwa mussten einen Kredit aufnehmen. Aber es geht.

Das Gelände war früher, bevor die Baugruppe es gekauft hat, mit einer Gärtnerei und einer KFZ-Werkstatt bebaut, beides war über die Jahre abbruchreif. Rundherum ist historisch gewachsene brandenburgische Bebauung, 250 Jahre alte Häuser, Häuser aus dem 19. Jahrhundert, aus der Kaiserzeit, der Weimarer Republik und dann natürlich die Platten aus der DDR-Zeit. Bis zum

Müggelsee sind es ein paar hundert Meter. Altes Pflaster auf den Straßen, alte Vorgartenstruktur, gemütlich.

Und hier leben nun diese 14 Familien mit ihren Kindern. Sie besitzen einen großen Gemeinschaftsgarten von rund 2.500 Quadratmeter, den sie mühselig über Jahre hergerichtet haben. Drei alte Mitbewohner wollten unbedingt ein eigenes Beet haben, die wurden für sie abgetrennt, der große Rest ist Kindergelände.

Wie gut das Zusammenleben selbst bei zusammengewürfelten Bewohnern funktionieren kann, kann man an den Hauskindern in Friedrichshagen beobachten. Sie treffen sich jeden Nachmittag nach der Schule oder Kita bei Martin. Martin ist der Vater von Moritz Puschke, der pensionierte Pastor, den die jungen Puschkes überredet haben mit einzuziehen. Er wohnt in einer Erdgeschosswohnung. Martin macht den Kindern nach der Schule etwas Kleines zu essen – Würstchen, Salat – und dann toben die Kinder im Garten oder sind bei ihm in der Wohnung. Und er ist glücklich, dass er das hat, dass alle ihn mögen, nicht nur die eigenen beiden Enkeltöchter. Im Moment schwankt er noch, ob er endgültig hier bleibt oder zurück nach Bremen geht, aber das Pendel schlägt, glaube ich, im Augenblick wieder zugunsten dieses Berlin-Friedrichshagen aus. Mit ein Grund hierfür ist, dass er die Verantwortung für die Hauskinder übernommen hat. Das schafft ihm eine Struktur im Alltag, einen Grund, einkaufen zu gehen, zu kochen und sich jeden Tag auf etwas zu freuen.

Neben Martin ist Norbert, der früher leitend in einem Chemie-VEB-Betrieb gearbeitet hat, die gute Seele des

Hausprojektes. Er kramt im Garten, kümmert sich um die Häuser, organisiert Grillfeste und gemeinsame Unternehmungen.

Die älteste Mitbewohnerin wohnt eine Etage unter den jungen Puschkes. Sie ist für die Mädchen von oben die Lilo. Die richtige Oma lebt in Bremen, doch die, mit der die Kinder täglich zu tun haben, wohnt gleich eine Treppe tiefer. Diese alte Frau, inzwischen 88 Jahre alt, kümmert sich gemeinsam mit ihrem Sohn um ihre fünfzigjährige Schwiegertochter, die eine Gehirnblutung hatte und dadurch dramatisch regrediert ist und sich auf dem Stand einer Zwölfjährigen befindet. Die betreuungsbedürftige Schwiegertochter genießt es sehr, dass die Kinder sie so nehmen wie sie ist. Sie fühlt sich mit den Kindern vertrauter als mit Gleichaltrigen – das erleichtert ihrem Mann und ihrer alten Schwiegermutter die Pflege.

Ich spüre, die Friedrichshagener gehen in ihrem Projekt auf. Das sind ihre Häuser, ihr Garten, ihr Zuhause, auch wenn sie alle Teileigentümer sind und genauso gut anonym nebeneinander her leben könnten. Tun sie aber nicht. Vielleicht, weil hier eben nicht alles von Anfang an eiapopeia war. Im Gegenteil. Ich habe ein Bild aus der Bauphase gesehen, da hatte irgendwer auf den Baucontainer »Scheiße« drauf gemalt. Da befürchtete wohl jemand, dass nun die Schickimickis aus Westdeutschland einziehen. Hinzu kam der Garten, der alles andere als eine Idylle war und den die Bewohner über Jahre von Glassplittern und Scherben, von Schutt und Eisenstangen befreien mussten. Und dann der Stress mit dem Bauunternehmen, die fehlenden Klingeln, die fehlenden Türschilder und Terrassen. Das alles haben die Bewohner aber ausgehalten, das hat niemanden veranlasst auszuziehen. Und inzwischen sind sie in die Nachbarschaft voll integriert – wohl auch, weil es eben nicht nur Wessis sind, die es sich hier schön gemacht haben, sondern auch Menschen, die in Friedrichshagen aufgewachsen sind – die hier die Schule besucht haben, die früher bei der FDJ und im VEB waren.

Natürlich wächst so ein Projekt nicht von heute auf morgen zu einer funktionierenden Hausgemeinschaft zusammen. Bei den Kindern ging das am schnellsten. Wer da war, spielte mit. Wenn die beiden Mädchen der Puschkes heute aus der Schule kommen, dann werfen sie ihre Ranzen in die Ecke und sind weg, mit den anderen Kindern unterwegs, im Garten, am Müggelsee, an der wilden Badestelle. Das ist das Unproblematischste. Die Erwachsenen nähern sich einander schrittweise, da muss man Geduld haben. Am Anfang haben die Bewohner fast täglich miteinander beraten: Was geht und was geht nicht. Mittlerweile hat sich das entspannt. Jetzt treffen sich die Bewohner mindestens einmal im Monat, um Probleme oder Vorhaben an den Häusern und in der Nachbarschaft zu besprechen. Dass dieser mühselige Prozess aber von Erfolg gekrönt ist, zeigt die Tatsache, dass die Nachbarn sich gegenseitig im Alltag versorgen. Man bringt den Anderen etwas vom Einkaufen mit, man kocht auch mal füreinander.

Für die Puschkes ist dieses Friedrichshagen zu einem neuen Ort für die ganze Familie geworden. Sie haben sich an diesem Ort wieder zusammengefunden. Der Vater von Moritz, der hier lebt. Und die Schwester, die hier von Zeit zu Zeit auch wohnt – eine Schauspielerin, die nun Theologie studiert und nachts Behinderte betreut. Der Bruder, ein Theatermann in Berlin, weigert sich zwar standhaft, hierher »in die Pampa« zu ziehen, wie er sagt, kommt aber gern zu Besuch. Ebenso die Mutter aus Bremen. So sortiert sich über dieses Wohnprojekt eine ganze Familie wieder neu.

Neues Leben in leeren Straßen

Generationsübergreifende Wohnprojekte gelingen auch in größeren Zusammenhängen. Das habe ich in Tempelhof-Hohenlohe bei Schwäbisch-Hall gesehen. Ich bin begeistert von diesem Kibbuz-ähnlichen Projekt. Im Grunde ist dies ein anspruchsvolles Mehrgenerationensiedlungsprojekt, mit dem ein ganzes verlassenes Dorf mit einer mittelalterlichen Rundlingsstruktur wiederbelebt wird. In Tempelhof-Hohenlohe stehen die Häuser dicht an dicht, rundherum ein tiefer Graben und das Dorf ist nur durch einen Eingang zu erreichen, durch den man dann in den Dorfmittelpunkt kommt. Niemand wohnte mehr hier. Als ich im vergangenen Jahr dort zu Besuch war, lebten in dem Dorf wieder 65 Menschen, alte und junge. Sie wollen auf 200 anwachsen, so viel Platz gibt es. Einige haben ihre Arbeit vor Ort gefunden. Zwei Landwirte habe ich erlebt und den Gärtner, einer unterhält die Milchwirtschaft und produziert Ziegenkäse. Ein Künstler hat im Dorf sein Atelier. Eine frühere Boutique-Besitzerin aus München vermietet nun Wohnungen an Feriengäste. In diesem Dorf ist vieles selbstgemacht, eigene Möbel, eigene Lebensmittel, eigene Kunst, aber alles anspruchsvoll. Inzwischen gibt es wieder eine Schule, für die eigenen Kinder und für die Kinder aus den Nachbardörfern. Viele hier pendeln zur Arbeit und leben nur am Wochenende in Tempelhof-Hohenlohe. Die Dörfler haben eine alte Turnhalle zu einem Gemeinschaftszentrum umgebaut, alles aus Holz, alles ökologisch. Dort isst das ganze Dorf jeden Mittag zusammen.

Neben solchen Landkommunen, die vielleicht nicht jedermanns Geschmack sind, erscheint mir gemeinschaftliches Wohnen aber durchaus auch in traditionelleren Milieus möglich – auch und gerade für weniger betuchte Leute. Warum für jeden eine Küche bauen, wenn es auch eine große für alle tut? Warum allein ein Haus bauen, wenn ein großes für viele viel günstiger wird und man später außerdem nicht allein lebt? Hierbei können wir vom Ausland durchaus lernen: In Basel wurde, ausgehend von dem einstigen alternativen Hausprojekt Bärenfelserstraße 34, eine gesamte Straße vor Leerstand und Verfall gerettet. Hier tummelt sich inzwischen das Leben auf der Straße: Ältere, Jugendliche und Kinder leben nachbarschaftliche Nähe ohne Zwang. In Stockholm, in dem Projekt Färdknäppen haben Mieter mittleren Alters und Ältere sich mit Hilfe einer öffentlichen Wohnungsbaugesellschaft bereits vor 26 Jahren zusammengefunden, um sich gegenseitig zu unterstützen. Wir in Deutschland können hier an die Tradition der Wohnungsbaugesellschaften anknüpfen und sie neu beleben. Ich finde es besonders schön, dass gerade die Idee der

Genossenschaften beim Thema Wohnen wieder aufblüht. Genossenschaften sind nicht dazu da, um möglichst viel Geld mit einem Projekt zu verdienen, sondern sind dazu da, ihre Mitglieder zu versorgen. Da baut dann die Wohnungsbaugenossenschaft in Witten die verlassene Pizzeria zum Gemeinschaftszentrum um. In Stuttgart ist es eine pleitegegangene Cafeteria, die nun als Wohngemeinschaft genutzt wird. Solche Ansätze haben Zukunft.

Gemeinwesenarbeit hilft alt und jung

Um Mehrgenerationenleben zu fördern, braucht es aber vor allem Strukturen, eine zentrale Stelle in der Kommune, im Stadtteil, im Quartier, in der die Fäden zusammenlaufen und die Menschen vor Ort vernetzt werden. Gemeinwesenarbeit. Doch diese ist in Deutschland unter die Räder gekommen, sie war in den fünfziger Jahren schon einmal flächendeckend installiert. Damals gab es noch kirchliche und kommunale Gemeindeschwestern, die sich längst nicht nur um medizinische Belange gekümmert, sondern Bedürftige auch sozial unterstützt haben. Für mich ist es ein Kindheitsbild – ich erinnere mich gut an diese patenten Frauen, die mit ihrer großen Tasche und ihrem großen Herzen in den Straßen unterwegs waren. Alle wegrationalisiert. Das war ein großer Fehler. Uns fehlt genau die Kompetenz, dieses Heer von Menschen, die sich nicht selbst zu helfen wissen, die noch nicht mal in der Lage sind, auf sich aufmerksam zu machen, die in ihrer Einsamkeit versinken, zu erreichen und mit der Nachbarschaft zu vernetzten, so dass sie (über)leben können. Wir brauchen heute dringend wieder von der Öffentlichen Hand finanzierte Gemeinwesenarbeiter. Sozialexperten, die nicht alles selber machen, sondern die wissen, wo die Menschen sind, die Hilfe brauchen, und wo jene sind, die gerne helfen wollen. Wir brauchen soziale Türöffner. Sozial- oder auch Quartiersmanager, die Ideen entwickeln, wie den Menschen in ihrem Viertel geholfen werden kann. Gemeinwesenarbeit bedeutet Netzwerke knüpfen.

Einige Wohnungsbaugenossenschaften und soziale Einrichtungen haben inzwischen erkannt, dass ihnen hier etwas fehlt. Die Stiftung Liebenau etwa, die vorbildliche gemeinschaftliche Alteneinrichtungen vor allem in Baden-Württemberg aber auch in Sachsen unterhält, hat eine Gemeinwesenarbeiterin engagiert, die es geschafft hat, die Wohnanlagen der Stiftung in die Nachbarschaften hinein zu öffnen. Sie hat über 150 Ehrenamtliche in einem Mehrgenerationenhaus für ihr Netzwerk gewonnen. Ich habe eine Reihe ihrer Initiativen kennengelernt: Bücherflohmarkt, Kleiderflohmark, Pflanzenbörse, Spenden-Regal, Spiele-Verleih / Ravensburger Spieletreff mit Schulungen, Werkstatt, Ravensburger Wahl-Omas, Orientalischer Tanz, Bürgerstiftung / Kreis Ravensburg, Pflege / Sozialstation St. Anna, Tafel. Das Projekt besitzt soziale Strahlkraft, wie sich gezeigt hat: Bei den vielen Angeboten kommen inzwischen die Engagierten und jene zusammen, die Hilfe brauchen. So entfaltet sich eine nachbarschaftliche Hilfsstruktur, von der Gemeinwesenarbeiterin gelenkt und koordiniert.

Ähnlich arbeitet eine Quartiersmanagerin im Haus-im-Viertel, einem Altenwohnprojekt der Bremer Heimstiftung. Ich beobachte begeistert die Arbeit von Ursula Schnell seit Jahren. Das Altenwohnprojekt Haus-im-Viertel liegt direkt neben der Helenenstraße, der Bremer Prostituiertenstraße, in der sich seit über hundert Jahren die Frauen in Schaufenstern anbieten. Eine schäbige, heruntergekommene Gegend. Manche Häuser sind noch aus dem Krieg beschädigt, so lieblos wird mit ihnen umgegangen. Direkt neben dieser Straße hat die Heimstiftung Altenwohnungen und eine Demenz-WG etabliert. Ursula Schnell ist hier die Seele des Ganzen. Inzwischen ist sie nicht nur für die Alten, sondern auch für die gesamte Nachbarschaft, für den Stadtteilbeirat, für das Ortsamt die Hauptansprechpartnerin. Wenn die Beamten vom Sozialamt oder Jugendamt nicht weiterwissen, fragen sie Ursula Schnell. Wenn sich hier die Fußballfans in den Straßen prügeln, macht die Polizei nichts ohne sie. Jede Menge schräge Adressen, jede Menge schräge Lokale, jede Menge schräge Veranstaltungen – das macht dieses Viertel aus. Aber eben auch Alternative, sozial Engagierte und meine lieben Alten, die hier wieder hergezogen sind. Hier leben die sozial Schwachen neben den Hochschullehrern in ihren proper renovierten Häuschen. Ursula Schnell hat inzwischen ein ganzes Netzwerk von Menschen aufgebaut, die von Tür zu Tür gehen, um mit den Hilfesuchenden und den Hilfreichen zu sprechen. Sie ist diejenige, die den Überblick über dieses eng gebaute Viertel hat. Vom Auftrag her ist die Heimstiftung nur für die Alten zuständig. Aber der Geschäftsführer

Alexander Künzel und Ursula Schnell sind davon überzeugt, dass alte Menschen nur in einer generationengemischten Gesellschaft aufgehoben sind. Deshalb sind sie dabei, sich für die übrige Gesellschaft zu öffnen. Entsprechend wollen sie auch erreichbar sein für die sozial Schwachen, für die Jungen, die Eltern mit kleinen Kindern, die Alleinerziehenden. Also vernetzt sich Ursula Schnell auch mit den Kindergärten vor Ort, mit den Erzieherinnen und den Eltern. Es gab einmal eine Riesenempörung über dieses Milieu, als die BILD-Zeitung über Junkies berichtet hatte, die dort ihre Spritzen auf den Kinderspielplätzen entsorgen. Die ganze Stadt war alarmiert, dass die Kinder im Viertel durch Drogenspritzen gefährdet sind – und das in den Zeiten von Aids. Da wurde Bewachung für die Spielplätze gefordert, Polizeipräsenz, Zäune. Alles Unsinn. Wer will denn nachts die Kinderspielplätze bewachen? Ursula Schnell hat die ganze Sache wieder zurechtgerückt – mithilfe der Kinder im Viertel. Seitdem lasse ich auf diese Frau nichts mehr kommen. Sie hatte die Idee, mit den Kindergartenkindern jeden Tag auf die Spielplätze zu gehen und die weggeworfenen Spritzen einzusammeln. Den Kindern hat sie beigebracht, mit den Spritzen vorsichtig umzugehen. Mit denen darf man nicht schmeißen, nicht kämpfen und die darf man nur mit Handschuhen anfassen und in einen speziellen Behälter werfen. Der wird dann abgeliefert und damit ist das Problem erledigt. Sie hat dieser ganzen Empörung, dieser Entrüstung und Hysterie die Spitze genommen, indem sie die Kinder in die Lage versetzt hat, mit der Gefahr sicher umzugehen. So etwas ist kluge Gemeinwesenarbeit. Nicht gleich nach der Polizei rufen, sondern sich selbst helfen. Und so ist in diesem schwierigen Quartier wieder ein Milieu entstanden, in dem es sich leben lässt. Das hier ist nicht die Hölle. Nein, hier geht es bunt zu, hier gibt es schräge Leute, aber hier gibt es auch nette Leute. Und hier hilft man sich gegenseitig – die Jungen den Alten und die Alten den Jungen. So schnell kann eine Frau zur Drehscheibe für ein ganzes Viertel werden.

Dass Gemeinwesenarbeit nur wenig mit sozialer Tagträumerei zu tun hat, zeigen die Erfahrungen in den Niederlanden, in denen dieses Modell konsequent angewendet wird. Und das zeigt auch eine Rechnung, die die Bremer Heimstiftung aufgestellt hat. Dabei geht es um die Kosten, die der Einsatz von Gemeinwesenarbeit in der Altenpflege spart. Das Ergebnis: Quartiersmanager sind nicht nur sozial wünschenswert, sondern das Modell rechnet sich auch für den Staat. Ausgehend von einer Bevölkerungsanzahl von 80 Millionen Menschen rechnet die Stiftung durch den konsequenten Einsatz von Gemeinwesenarbeit allein im Bereich Pflege mit einem Einspareffekt von 92 Millionen Euro jährlich. Bei dieser Hochrechnung wurde der Einspareffekt durch bürgerschaftliches Engagement sogar außer Acht gelassen.

Ich bin überzeugt davon, dass Gemeinwesenarbeit nicht nur helfen kann, Mehrgenerationenleben zu befördern, sondern sogar auch Sozialetats zu entlasten. Im Kern geht es hier darum, institutionalisierte Pflege zu vermeiden. Wenn das gelingt, dann ist dieses Riesenproblem – wie kommen wir mit immer mehr pflegebedürftigen Alten überhaupt finanziell und personell über die Runden – lösbar. Mit einer Mehrgenerationen- und Nachbarschafts-integrierenden Sozialarbeit wird nicht nur Pflege vermieden. Gemeinwesenarbeit kommt auch Familien mit Kindern zugute, den Alleinerziehenden und den sozial Schwachen, die jemanden brauchen, der sie unterstützt oder nach ihnen sieht. Und es liegt auf der Hand, dass es weniger Geld kostet, Selbsthilfe anzuregen als professionelle Hilfe zu finanzieren. Demografie ist machbar, Herr Nachbar!

Kapitel 4

Gemeinsames Arbeiten

Wie wir arbeiten, bestimmt unser ganzes Dasein – welchen Lebensstandard wir uns leisten können, wie gesund wir sind, welche Schulkarriere unsere Kinder absolvieren werden, wie gut wir ins Alter kommen. Entsprechend wichtig ist das Thema Bildung bei den Jungen – sie legt die Basis für die spätere berufliche Karriere. Von Generationengerechtigkeit ist unser Bildungs- und Arbeitsmarkt jedoch weit entfernt. Das beginnt bei der teils desolaten Bildungs- und Ausbildungssituation der Jungen und zieht sich über die Strapazierung der mittleren Jahrgänge bis hin zur Unterbeschäftigung älterer Arbeitnehmer. Wer sich den deutschen Arbeitsmarkt anschaut, bekommt schnell die Schieflage in den Blick. Eine Schieflage, die wir uns angesichts des demografischen Wandels nicht länger leisten sollten.

Bildung legt den Grundstein

Meine Karriere war mir keinesfalls in die Wiege gelegt. Im Gegenteil, meine Geschwister und ich haben als Kleinbürgerkinder von einem durchlässigen Bildungssystem profitiert. Umso bedrückender finde ich es, dass heute, da unsere Gesellschaft auf jedes unserer wenigen Kinder dringend angewiesen ist, ausgerechnet unser Bildungssystem Schichtzugehörigkeit manifestiert, anstatt jedes Kind und jeden Jugendlichen, so gut es nur geht, zu fördern.

Meine Eltern, alle meine Vorfahren waren Volksschüler. Mein Vater ist sogar von der Schule geflogen, er hatte nicht einmal einen Schulabschluss. Doch wir sechs Scherf-Kinder haben Gebrauch machen können von dem Bildungsangebot der modernen, sozial durchlässigen Schule der Nachkriegszeit. Wir durften Abitur machen, wir durften studieren, wir haben Stipendien bekommen und zusätzlich gejobbt. Mein Vater hat oft gesagt, er könne gar nicht glauben, dass so etwas möglich ist: Erfolg durch Bildung. Die ständische Gesellschaft wirkte in Deutschland lange nach. Das Bürgertum, der Adel ging zur Schule, die einfachen Leute gingen arbeiten. Welch einen Modernisierungsschub erlebte die deutsche Schule nach dem Zweiten Weltkrieg! Und wir Scherf-Kinder profitierten davon. Meine Geschwister und ich wissen, wie wichtig Bildung ist, dass man auf sie ein ganzes Leben aufbauen kann. Und heute? Die Kinder von heute sind die Berufstätigen von morgen. Sie werden es sein, die unsere Produkte fertigen. Sie werden unsere Kranken pflegen und unsere Renten zahlen. Wer eine generationengerechte und zukunftsfeste Arbeitwelt will, muss also bei der Bildung anfangen.

Zwar ist das Bildungsniveau in diesem Land insgesamt sehr viel höher als es früher war. Noch nie gab es so wenige Schulabbrecher – 11 Prozent nach dem EU-Bildungsbericht 2011, womit wir aber übrigens immer noch über dem EU-Durchschnitt liegen. 1972 besuchte noch die Hälfte aller 13-Jährigen eine Hauptschule, heute sind es gerade noch 15 Prozent. Im selben Zeitraum hat sich der Anteil der Schüler fast verdoppelt, die Abitur machen. Heute sind es 73,7 Prozent der Schüler – damit liegen wir immer noch unter EU-Niveau. Noch nie gab es so viele Studenten in Deutschland. Fast eine halbe Million Erstsemester nahmen im vergangenen Jahr ein Studium auf. Wie wichtig Schulbildung ist, zeigen die Arbeitslosenzahlen unter Akademikern: Sie liegen unter fünf Prozent.

Und dennoch bin ich besorgt, wenn ich mir das deutsche Schulsystem ansehe: Denn wir produzieren wieder Bildungsverlierer. Es sind die Kinder aus bildungsfernen Schichten, aus Hartz-IV-Familien, und Migrantenkinder, die aufgrund von sprachlichen und kulturellen Problemen am deutschen Schulsystem scheitern. Wir haben Kinder in diesem Land, die kaum über das Niveau der Grundschule hinauskommen, was Lesen und Rechnen anbelangt. Sie haben wenig Aussicht auf Ausbildung und Beruf und werden folglich ohne staatliche Hilfe keine Familie ernähren können. Diese so genannten Risikoschüler sind 20 Prozent, die wir uns nicht leisten können und doch auch nicht leisten wollen! Jedes dieser Kinder hat eine Chance verdient. Doch das Gegenteil ist der Fall: Unsere Gesellschaft hat diese Kinder dauerhaft frustriert: Eine Allensbach-Umfrage aus dem vergangenen Jahr hat ergeben, dass nur 18 Prozent dieser Jugendlichen der Aussage zustimmen, dass jemand, der sich anstrengt, es in dieser Gesellschaft zu etwas bringen kann. Das ist bitter.

Wir müssen es schaffen, dass unser Bildungssystem wieder durchlässig wird für junge Karrieren – egal welcher sozialer Herkunft die Kinder sind. Es muss damit Schluss sein, dass die Kinder des Professors wie selbstverständlich auf dem Gymnasium landen, während die Kinder des Müllwerkers, die vielleicht genauso schlau sind, spätestens nach der zehnten Klasse abgehen.

Bildung in Deutschland ist nach wie vor schichtenspezifisch. Das ist traurige Realität, wie diverse Studien zum Thema nachweisen. Von hundert Akademikerkindern schaffen es 77 an die Hochschulen. Von hundert Kindern aus Nichtakademikerhaushalten sind es nur 23, wie es die Sozialerhebung des Deutschen Studentenwerks von 2012 zeigt. Die Abschaffung der Studiengebühren ist, finde ich, übrigens an dieser Stelle das richtige Signal. Kinder aus nichtakademischem Elternhaus werden jedoch trotzdem schon früh in ihrer Bildungskarriere ausgebremst. Sie erhalten – selbst bei sehr guten Noten – seltener eine Gymnasialempfehlung, ergab die Internationale Grundschulstudie (Iglu) 2010.

Stark betroffen sind Migranten und ihre Kinder: Nach den Ergebnissen des Mikrozensus 2011 sind Menschen mit Migrationshintergrund im Vergleich zur restlichen Bevölkerung geringer qualifiziert und schlechter in den Arbeitsmarkt integriert. Beispielsweise hatten rund 14 Prozent der Migranten keinen allgemeinen Schulabschluss und rund 40 Prozent keinen berufsqualifizierenden Abschluss. Bei Menschen ohne Migrationshintergrund lagen die entsprechenden Werte bei lediglich 1,8 beziehungsweise knapp 16 Prozent. Entsprechend schlecht sieht es für die berufliche Laufbahn aus: Im Jahr 2011 waren Migranten im Alter von 25 bis 65 Jahren fast doppelt so häufig erwerbslos, sie sind häufiger geringfügig und fast doppelt so häufig als Arbeiter beschäftigt.

Was wir hier produzieren, ist eine neue Unterschicht! Und diese wächst, wie Zahlen des aktuellen Kinder- und Jugendberichts der Bundesregierung zeigen: Die Armutsrisikoquote der 11– bis 20-Jährigen ist zwischen 1996 und 2010 von 15 auf über 18 Prozent gestiegen. Fünf Prozentpunkte mehr als in der Gesamtbevölkerung. Bundesweit betrachtet ist die Armutsgefahr für Migrantenkinder besonders hoch. Hier sind es 25,7 Prozent im Vergleich zu 15,2 Prozent der Jugendlichen ohne Migrationshintergrund. Hier liegen verpasste Bildungschancen zugrunde – schon bei den Eltern dieser Kinder.

Arm geboren, dumm geblieben – das darf es nicht geben. Und doch ist es statistisches Schicksal in Deutschland. Das ist ein Skandal. Unsere Verfassung garantiert jedem ohne Rücksicht auf Geburt und Herkunft gleiche Chancen. Doch leider nur auf dem Papier.

Wie der Misere abhelfen?

Ich glaube nicht, dass die Lehrerinnen und Lehrer das Hauptproblem bei dieser dramatischen Polarisierung der deutschen Bildungsgesellschaft sind. Wir haben hier ein strukturelles Problem – der Staat investiert nicht genügend in die Bildung und lässt veraltete Bildungsstrukturen zu – und wir haben ein gesellschaftliches Problem: die Elternhäuser. Wer die Kinder fit für die Schule machen will, muss die Elternhäuser einbeziehen. Diesen Ansatz vertritt auch der Familienpädagoge Hans-Günther Rossbach. In einem Interview sagte er: »Ein erfolgversprechender Ansatz ist die Verbindung von Familienbildung und Betreuung in Kindertageseinrichtungen.« Familienzentren, in denen Erwachsene Anregungen für einen guten Umgang mit Kindern finden, kommt hier eine bedeutende Rolle zu. Wir müssen mit Hilfe einer großen, lang angelegten Inklusionspolitik die sozial schwachen und die durch Migration gehandicapten Familien kompetenter machen.

Eine große Hilfe können hier auch ältere Arbeitnehmer als Mentoren sein, wie ein preisgekröntes Projekt aus Frankfurt am Main zeigt. Ich bin Mitglied der Jury der Robert-Bosch-Stiftung, die den Deutschen Alterspreis vergibt. Unsere Jury legt besonderen Wert darauf, Preisträger zu finden, denen ein generationenübergreifendes Projekt gelingt. Im vergangenen Jahr war einer unserer Preisträger der Verein für Internationale Jugendarbeit aus Frankfurt am Main. Für diesen Verein habe ich mich eingesetzt. Im Hochtaunus begleiten 48 sogenannte Se-niorPartner über 200 Gesamt-, Haupt- und Realschüler in ihren letzten beiden Schuljahren und bereiten sie in rund 300 Workshops auf den Einstieg in die Arbeitswelt vor. Diese Arbeit ist bewundernswert.

Eine dieser SeniorPartner ist Renate Feldmeyer, Ende fünfzig: Die studierte Leiterin einer Sprachschule gibt ihre Berufs- und Lebenserfahrung an »ihre« Schüler weiter. Sie sucht mit ihnen nach Praktikumsplätzen, trainiert Bewer-bungen oder bespricht mögliche Ausbildungsberufe. Für ihre Schützlinge wird sie in dieser schwierigen Phase zu einer guten Freundin. Oft handelt es sich bei den betreuten Jugendlichen um Migrantenkinder. Der Verein trainiert, qualifiziert und supervisiert die Senioren, hält engen Kon-takt zu den allgemeinbildenden Schulen und Berufsschu-len und knüpft mit regionalen Unternehmen, die Ausbil-dungsplätze zur Verfügung stellen, ein Netzwerk. Mit diesem Engagement der Alten für die Jungen hat der Ver-ein die Abbrecherquote auf ein Zehntel reduziert. Das ist begeisternd. Und die Frankfurter sind nicht die einzigen. Es ist eine richtige Graswurzelbewegung dieser älteren Pensionärs- und Rentnergeneration entstanden, die ihre Kompetenz für junge Leute anbietet, die an der Schwelle von Schule und Berufswahl stehen und zuhause nicht oder kaum gefördert oder begleitet werden. Schul- und Ausbildungsabbrechen vorzubeugen, ist in unserer Gesell-schaft ein hohes Verdienst – den Jugendlichen gegenüber, die ja auf eine selbstschädigende Weise opponieren, und unserer älter werdenden Gesellschaft gegenüber, die auf je-den jungen Menschen angewiesen ist. Vielleicht können gerade an diesem sensiblen Punkt Menschen mit Lebenserfahrung, die so etwas wie eine außerschulische und außerfamiliäre Autorität besitzen, viel besser helfen. Es sind Projekte wie diese, die mich aufhorchen lassen, die mich motivieren mitzumachen und auch andere anstiften, sich über die Generationsgrenzen hinweg zu engagieren.

Doch auch der Staat kann mehr für die Bildung unserer Kinder tun. Das fängt bei der Kita an. Wer Chancengleichheit will, muss Kinder so früh wie möglich in allgemeine Bildungsangebote einbeziehen. Früher habe ich immer mit Sigmund Freud argumentiert, dass ein Kind bis zu drei Jahren bei seiner Mutter bleiben muss, sonst würde die frühkindliche Entwicklung gestört. Inzwischen bin ich davon abgekommen. Ich kenne so viele gute Kita-Angebote, dass ich allen Eltern dringend empfehle, auch schon Kleinkinder unter drei Jahren in eine öffentliche Einrichtung zu geben. Inzwischen gibt es unzählige Studien, die nachweisen, wie wichtig die frühkindliche Förderung ist. Vor diesem Hintergrund empfinde ich das von der Merkel-Regierung eingeführte Betreuungsgeld als kontraproduktiv. Es verführt sozial schwache Familien dazu, ihre Kinder zuhause zu behalten, anstatt sie in eine professionelle Betreuung zu geben, von der gerade diese Kinder enorm profitieren können. Nein, Kinder so früh es geht, in pädagogische Milieus geben – das ist die Devise. Hier lernen Kinder die Sprache, hier werden sie mit ihren Fragen anerkannt, hier profitieren sie von der Neugierde der anderen Kinder. Je früher Wissenwollen als selbstverständlich angenommen wird, desto eher kann sich ein Kind entfalten. Und darum ist es mir so wichtig, dass wir die Eltern so motivieren und stützen, dass sie mit einer frühkindlichen Betreuung einverstanden sind. Sie mit einem Betreuungsgeld zu locken, ist hier der grundverkehrte Anreiz. Elternarbeit in diesem Bereich bedeutet Arbeit und Bildungsangebote auch für die Eltern. Wer beschäftigt und am Arbeitsplatz integriert ist, der hat keine Zeit und auch gar keine Veranlassung, zuhause seinen Arbeitslosenfrust an den Kindern auszulassen. Wer Arbeit hat, erfährt soziale Anerkennung im Betrieb und wird schnell die Sinnhaftigkeit von Bildung begreifen. Sozial schwache Familien, Migrantenfamilien integrieren – so wird auch die Spaltung der Bildungsgesellschaft für die Kinder überbrückbar.

Man darf – was nach den verheerenden Bildungsergebnissen für Deutschland nach den PISA-Studien jedoch geschehen ist – unser Bildungsproblem nicht allein auf die Lehrer und Lehrerinnen, nicht allein auf die Schulen reduzieren. Was nützen noch kleinere Lerngruppen, was nützen die besten pädagogischen Konzepte, wenn wir die Kinder nachmittags in bildungsferne oder sogar -feindliche Milieus entlassen? Knapp die Hälfte der Eltern mit einfacher Schulbildung sagen laut einer Umfrage der Vodafone-Stiftung, dass es ihnen schwerfalle, ihren Kindern bei den Hausaufgaben zu helfen. Nur 19 Prozent der besser Gebildeten hatten dieses Problem. Kinder aber brauchen Vorbilder, also müssen wir ihre Eltern stark machen. Wenn die Eltern eine Lebensperspektive finden, ziehen die Kinder nach. Gute Bildungspolitik ist auch immer gute Sozialpolitik.

Doch an den Strukturen hapert es noch gewaltig in diesem Land. Der Rechtsanspruch auf einen Kita-Platz für Kinder unter drei Jahren trat im Sommer 2013 in Kraft. Zwar gehen alle Bundesländer davon aus, dass der Bedarf an Kita-Plätzen für die Kleinsten gesichert ist. Doch in westdeutschen Großstädten wird es weiterhin Engpässe geben. Kinderaufziehen ist vor allem im Westen der Republik traditionell Privatsache. In den neuen Bundesländern gibt es flächendeckend (Ganztags-)Kitas – ein positives Erbe der DDR. Doch was ist mit der Qualität all dieser Plätze? Als ideal bezeichnen Pädagogen einen Betreuungsschlüssel von 1:3 – eine Erzieherin kümmert sich um drei Kinder. Das erreicht kaum ein Bundesland. Im Osten sind nach einem Report der Bertelsmann-Stiftung die Gruppen doppelt so groß, im Westen kommen immer noch 3,7 Kinder auf eine Erzieherin. Nur Bremen erreicht knapp den wünschenswerten Schlüssel. Frühkindliche Bildung sollte uns aber mehr wert sein.

Dieses strukturelle Problem betrifft auch die Schulen. Die Eltern merken über alle sozialen Milieus hinweg, dass intelligente Ganztagsangebote eine große Förderung bedeuten. Fast 90 Prozent der Eltern wünschen sich laut einer aktuellen repräsentativen Umfrage eine Ganztagsschule für ihre Kinder. Das hat zum einen natürlich etwas mit der Vereinbarkeit von Familie und Beruf zu tun – wer soll auf die Kinder aufpassen und ihnen bei den Hausaufgaben helfen, wenn Mutter und Vater noch auf der Arbeit sind? Zum anderen erweisen sich jedoch die Ganztagsschulen den anderen Schulen als überlegen – hier werden Kinder in der Breite gefördert, hier wird nicht aussortiert. Finnland wurde durch PISA zum Vorbild für gute Bildung. Und was ist das Geheimnis – abgesehen von halb so großen Klassen und somit einem weitaus besseren Personalschlüssel als an deutschen Schulen? Die Kinder werden erst spät getrennt, bis zur zehnten Klasse lernen alle gemeinsam. Das gibt auch jenen eine Chance, die erst verzögert durchstarten, die vielleicht am Anfang Defizite aus dem Elternhaus aufzuholen haben. Deswegen bin ich ein Fan des Gesamtschulkonzepts.

Bei unseren europäischen Nachbarn können wir lernen, wie anspruchsvolle Pädagogik aussieht. Und darum ist die Bildungspolitik gut beraten, nicht ständig Rücksicht zu nehmen auf die Konservativen, die zurück zum dreigliedrigen Schulsystem wollen. Die Guten auf Gymnasien noch besser zu machen und den Rest irgendwo zu parken – das ist gesellschaftlich betrachtet eine Sackgasse und menschlich betrachtet Zynismus. Wir brauchen wegen unserer demografischen Entwicklung künftig noch mehr als früher alle Kinder. Wir müssen jedes Kind, so gut es geht, bilden und ausbilden, um ihm eine Lebenschance zu geben und um unser Wirtschaftssystem am Laufen zu halten. Unser Wohlstand steckt nicht in Bodenschätzen. Der deutsche Wohlstand steckt in den Köpfen. Für dieses wirtschaftlich starke Land ist eine schwache Bildungsszene umso fataler – eine große Gefahr, die nicht von außen, sondern von innen droht. Wer soll denn in Zukunft ingenieurtechnische Leistungen übernehmen, wer soll die Autos bauen, die wir so erfolgreich exportieren? Wer soll die Kranken auf dem Lande medizinisch versorgen, wenn wir nicht unsere Kinder entsprechend ausbilden? Bis zum Jahr 2020 droht nach einer Studie des arbeitgebernahen Instituts der deutschen Wirtschaft (IW) vor allem in den Ausbildungsberufen weit mehr als bei Akademikern eine Fachkräftelücke. Ende des Jahrzehnts könnten bis zu 1,4 Millionen Facharbeiter in den Bereichen Mathematik, Informatik, Naturwissenschaften und Technik fehlen. Im Bereich der Akademiker sind es dagegen nur 156.000 Fachkräfte. Schon jetzt fehlen den Unternehmen der IW-Studie zufolge bereits rund 123.000 Facharbeiter im naturwissenschaftlich-technischen Bereich.

Mag sein, dass wir im Moment von der Eurokrise profitieren, weil die jungen, gut ausgebildeten Leute aus Spanien, Griechenland und Italien die Lücken in unserer Wirtschaft schließen. Doch zum einen hat die deutsche Politik auch den eigenen Bürgern eine Chance zu eröffnen. Und zum anderen reicht Zuwanderung nicht aus. Wir haben einen so gigantischen Bedarf an Fachkräften, dass wir uns dringend um bessere Bildungschancen in diesem Land kümmern müssen.

Der Mangel an Fachkräften zeigt es: Wir dürfen den dualen Ausbildungsweg nicht aus den Augen verlieren. Bildung findet nicht nur in der Schule, an der Universität statt. Bildung wird auch im Betrieb gelebt. An dieser Stelle müssen wir die Unternehmen mehr in die Pflicht nehmen. Das duale System war einmal ein deutsches Vorzeigemodell. Und jetzt? Unternehmer lamentieren, dass die Schüler nicht mehr rechnen und schreiben könnten und nicht ausbildungsfähig seien. Zugleich gibt es Branchen, deren Arbeitsbedingungen so schlecht sind, dass kaum ein Azubi sich hierher verirrt – wir brauchen aber Fleischer, Bäcker und Kellner. Nach Zahlen des aktuellen Berufsbildungsberichts der Bundesregierung blieben 2012 rund 15.700 junge Menschen erfolglos bei der Suche nach einem Ausbildungsplatz. Zugleich war die Zahl der unbesetzten Lehrstellen mehr als doppelt so hoch. Diese Jugendlichen sind doch nicht alle ausbildungsunfähig. Diese Ausbildungslücke ist nichts anderes als der Ausdruck verpasster Chancen unserer Kinder und Enkelkinder. Fast 1,5 Millionen junge Menschen zwischen 20 und 29 Jahren haben keinen Ausbildungsabschluss. Hinzu kommen die 300.000 Jugendlichen, die in den Warteschleifen des Übergangssystems geparkt werden – also sich von Praktikum zu Fortbildung hangeln, aber nirgends Geld verdienen. Der DGB kritisiert die »faktische Abschottung der Hälfte der Ausbildungsberufe für niedrige Bildungsabschlüsse«, das heißt: Die meisten Firmen bilden keine Hauptschüler aus. Das geht nicht. Hier müssen sich die Unternehmen mehr engagieren und vielleicht auch ausbügeln helfen, was Elternhaus und Schule versäumt haben. Unser Bildungssystem hat Lücken, da ist die Ausbildung eine zweite Chance für manche Jugendliche. Doch in der Realität bilden viele Unternehmen gar nicht mehr aus, sondern werben einfach qualifizierte Arbeitnehmer an. Nur noch jeder fünfte Betrieb bildet selbst aus. Das bedeutet langfristig, auf Kosten anderer zu wirtschaften, auf Kosten anderer Betriebe, öffentlich finanzierter Einrichtungen und anderer Länder.

Und auch im Ausbildungsbereich sind wieder die Migrantenkinder benachteiligt: Nach einer Umfrage der Pädagogischen Hochschule Freiburg werden migrantische Jugendliche auf dem Ausbildungsmarkt systematisch diskriminiert. Ein Drittel der Handwerks-, Bau- und Gastronomiebetriebe würden keine Kopftuch tragende Muslima einstellen, 12 Prozent keine praktizierenden Moslems und fast ein Fünftel der Arbeitgeber bevorzugt »deutschstämmige« Auszubildende.

Umdenken in der Wirtschaft

Das Handwerk in Deutschland bildet traditionell über Bedarf aus. Es ist vorbildlich, was den dualen Ausbildungsbeitrag angeht. Die Großbetriebe, leider noch nicht alle, lernen inzwischen, dass es ein Fehler war, Ausbildung nicht gleichermaßen betrieben zu haben. Ich beobachte etwa bei Arcelor-Mittal, dem größten Stahlkonzern der Welt, bei dem ich seit zehn Jahren für die IG Metall im Aufsichtsrat sitze, eine Kehrtwende. Wir stecken inzwischen viel Kraft und Energie in unsere Ausbildung, und die wird zunehmend qualifizierter. Im jetzigen Ausbildungsjahrgang im Bremer Stahlwerk waren vier von den Lehrlingen so gut, dass sie ein Jahr früher mit der Ausbildung fertig waren, zwei von ihnen gehen nun auf die Hochschule. Stahlarbeiter! Früher brauchte man als Stahlarbeiter Kraft und musste Hitze aushalten können. Heute ist das ein Job, bei dem man Köpfchen braucht. Man muss komplizierte Maschinen bedienen und berechnen können. Man muss sich weiterbilden, um mit dem

Hightech mithalten zu können. Und das alles hat das Unternehmen erkannt und investiert nun in die Aus- und Weiterbildung der eigenen Leute.

Einen ähnlichen Trend beobachte ich beim Mercedes-Benz-Werk Bremen. Dies war ein relativ junger Betrieb, als er 1978 gegründet wurde. Damals wurden nur junge Leute eingestellt. Das war nicht klug, denn jetzt werden diese Mitarbeiter auf den Schlag alle gleichzeitig alt. Das demografische Problem im Betrieb. Vor kurzem habe ich zu dieser Lage einen Vortrag vor der Geschäftsführung, den Betriebsräten und den Betriebsärzten gehalten. Dieses Unternehmen überlegt nun dringend, wie es seine Alten länger beschäftigen kann und die Jungen möglichst schnell qualifiziert. Da müssen Arbeitsplätze altengerecht umgestellt werden, da müssen Ausbildungsplätze und Programme für junge Schnellläufer geschaffen werden. Schließlich muss irgendjemand den Laden am Laufen halten – ansonsten ist schnell Schluss mit der Spitzenposition am Weltmarkt.

Es sollte inzwischen bei jedem Unternehmer in diesem Land angekommen sein: Die Zeiten des Hire and Fire sind vorbei. In den USA konnte man den Effekt dieses Arbeitsmodells über Jahre beobachten. Wenn dort die Konjunktur runter ging, warfen sie ihre Leute raus. Doch wenn die Konjunktur wieder anzog, hatten sie keine Leute mehr. In deutschen Unternehmen, selbst in der Großindustrie, beobachte ich, dass die Botschaft inzwischen verstanden wurde: Der demografische Wandel zwingt die Generationen im Betrieb zusammenzuhalten.

Gemeinsames Arbeiten

Die Jungen erhalten langsam mehr Aufmerksamkeit und die Alten bekommen eine zweite Chance.

Wie produktiv es sein kann, die verschiedenen Generationen im Betrieb zusammenzubringen und untereinander auch zu vernetzen, zeigt ein Mentoring-Projekt des Pharmaunternehmens Merck in Darmstadt. Merck knüpft Lern-Tandems aus meist älteren Führungskräften und jungen Berufseinsteigern. Die Älteren profitieren hierbei von dem Web-Wissen der Jungen und die Jungen können frühzeitig ein Netzwerk in die Führungsebene hinein knüpfen. Jung coacht Alt – umgekehrtes Lehren ist gerade in Unternehmen wichtig, deren Produkte auf Technologie und moderne Kommunikationswege angewiesen sind. Welcher ältere Manager ist schon so sicher im Umgang mit Facebook und Co. wie die junge Generation? Das Modell ist derart gut angekommen, dass es künftig zum festen Bestandteil der Ausbildung wird.

Lernen und Fortschritt kennen keine Hierarchie und keine Altersbegrenzung – das gilt für Junge wie für Alte. Ein kluger Unternehmer wird die Ressourcen, die sich ihm bieten, nutzen – egal ob die Mitarbeiter 16 oder 56 Jahre alt sind.

Eltern entlasten

Wer sich mit einem fairen Ausgleich zwischen den Generationen in der Arbeitswelt beschäftigt, dem springt die Überlastung der jetzigen Elterngeneration ins Auge, die mittleren Jahrgänge, die voll im Beruf stecken und zugleich kleine Kinder aufziehen oder ihre alt gewordenen Eltern pflegen. Es ist ganz offensichtlich, dass hier einiges in Schieflage geraten ist, was ein gutes Leben mit Kindern und vielleicht auch mit alten Eltern verhindert.

Viele Ehen, auch in meinem Bekanntenkreis, zerbrechen an dem alltäglichen Stress eines berufstätigen Paares mit kleinen Kindern, weil die ständige Überlastung sich zerstörerisch auf die Beziehung der Eltern auswirkt.

Familiengipfel. Betreuungsgeld. Vätermonate. In der Politik scheint sich im Moment alles nur noch um die Familie zu drehen. Zugleich ist aber eine Überlastung in der Rush-Hour des Lebens seit Jahren bekannt, in jener Lebensphase, in der Kinder großgezogen werden, eine Karriere verfolgt und ein Haus oder eine Wohnung bezahlt sein will. Wenn man sich die Diskrepanz zwischen der stressigen Realität vieler junger Familien in diesem Land und den Ankündigungen der Politik ansieht, erscheint einem das ganze Familienförderungsprojekt schnell fragwürdig. Zwar sind die Summen insgesamt gar nicht so schlecht. 156 verschiedene Leistungen für Familien finanziert unser Staat, insgesamt 200,3 Milliarden Euro waren es 2010. Aber wenn man genau hinsieht, erscheint es schon bizarr, was da alles unter Familienförderung segelt. Beim Ehegattensplitting fällt mir das am meisten auf. Am meisten profitieren hiervon Ehen, in denen der eine sehr viel verdient und der andere gar nichts. Das ist Steuerbegünstigung für intelligent disponierende Paare. Ein modernes Steuerrecht sollte jedoch Familien anstatt Ehen fördern. Eltern oder Alleinerziehende mit Kindern

Gemeinsames Arbeiten

müssten steuerlich profitieren, nicht das Modell Besserverdiener mit daheimbleibender Gattin.

Steuerliche Erleichterungen sind das eine. Was uns vor allem fehlt, ist eine lebenswerte Arbeitswelt, die das Aufziehen von Kindern oder Pflegen von Eltern lebbar macht. Doch wie sieht die Realität hier aus? Vollzeitbeschäftigte in diesem Land arbeiten im Schnitt 42 Stunden in der Woche. Das zeigen Zahlen des Statistischen Bundesamtes von 2012. Ein Wert, der seit Jahren kontinuierlich steigt. Wer eine volle Stelle in diesem Land hat, hat meist zu viel Arbeit. Und der Stress am Arbeitsplatz ist enorm. Das belegen Jahr für Jahr die Fehltage-Statistiken der Krankenkassen. Nach Angaben der Länder werden die Kosten psychischer Erkrankungen auf insgesamt über 43 Milliarden Euro geschätzt. 2011 sind durch psychische Leiden insgesamt 52 Millionen Arbeitsunfähigkeitstage angefallen – die Zahlen sind in den vergangenen fünf Jahren um etwa 80 Prozent angestiegen. Psychische Erkrankungen sind inzwischen die Hauptursache für Frühverrentungen. Arbeit gilt hier unter Experten als eine der großen Ursachen für die Entwicklung. Der Stressreport Deutschland 2012 der Bundesanstalt für Arbeitsschutz und Arbeitsmedizin (BAuA) stellt fest: Psychische Belastung ist in der deutschen Arbeitswelt weit verbreitet. Häufig sind die Beschäftigten Multitasking, Zeitdruck, Monotonie und Störungen bei der Arbeit ausgesetzt. Dass der Bundesrat nun eine »Anti-Stress-Verordnung« auf den Weg bringen will, finde ich da nur richtig.

Der Stress am Arbeitsplatz wirkt in die Familien fort. Wie den Alltag organisieren, wenn das Kind versorgt und Geld verdient werden muss? Viele Eltern klagen über die schlechte Vereinbarkeit von Familie und Beruf. Die Work-Life-Balance ist aus dem Lot. Hier hat unsere Arbeitsmarktpolitik über Jahrzehnte im Grunde familienfeindliche Strukturen geschaffen. Das zeigt eine Forsa-Umfrage im Auftrag der Zeitschrift »Eltern«. Hier nur stichpunktartig die wichtigsten Ergebnisse: Knapp 40 Prozent wünschen sich eine gerechte Aufteilung der Familien- und Erwerbsarbeit und eine 30-Stunden-Woche für beide Eltern. In der Realität können aber nur 6 Prozent der Familien dieses Modell leben. Und 40 Prozent finden es gut, wenn er Vollzeit und sie Teilzeit arbeitet. In der Realität sind es aber 57 Prozent. 14 Prozent der Eltern leben in dem traditionellen Alleinverdienermodell, dabei wünschen sich dies nur 6 Prozent. Und von den 16 Prozent der Familien, in denen beide Eltern Vollzeit arbeiten, sind nur 13 Prozent mit diesem Modell auch glücklich. Die große Mehrheit der Familien wünscht sich also eine Aufteilung der Familien- und Erwerbsarbeit, doch viele von ihnen können dieses Modell nicht leben. Mangelnde Kinderbetreuung und veraltete Arbeitszeitmodelle sind der Grund.

Ich kenne tatsächlich nur wenige junge Familien, denen ein gutes Gleichgewicht zwischen Erwerbsarbeit und Familienarbeit gelingt. Bekannte von uns leben mit ihren beiden kleinen Kindern in Berlin. Beide arbeiten etwa sechs Stunden am Tag, wenn die Kinder in der Grundschule und in der Kita sind, und setzen sich noch einmal abends an den Schreibtisch, wenn etwas liegengeblieben ist. Nachmittags sind Mutter und Vater für die Kinder da. Die Haushaltsarbeit wird geteilt, der eine kauft ein und kocht, die andere macht die Wäsche und räumt auf, eine Putzfrau kommt einmal in der Woche und hilft, das Haus in Schuss zu halten. Ideal, würde jeder Arbeitsexperte sagen. Doch diese beiden sind freiberuflich und können sich daher ihre Arbeitszeit weitgehend frei einteilen. Welcher Festangestellte kann das? Und natürlich bietet eine Festanstellung mehr soziale Sicherheit als eine berufliche Existenz, die auf regelmäßige Aufträge angewiesen ist. Was die Vereinbarkeit von Familie und Beruf anbelangt, müssen unsere Unternehmen dringend flexibler werden. Natürlich wird ein solches Modell nicht in allen Branchen lebbar sein, doch an vielen Arbeitsplätzen ist zum Beispiel Vertrauensarbeitszeit oder Teilzeit möglich.

Insbesondere Frauen trifft der Arbeitsmarkt in voller Härte: Nach einer Studie der Hans-Böckler-Stiftung arbeiten Frauen in Deutschland immer weniger in Vollzeit und immer mehr in »kleinen« Teilzeit- und Minijobs. Der Anteil der Vollzeitjobs schrumpfte bei ihnen zwischen 1991 und 2010 enorm: von rund 61 Prozent auf rund 41 Prozent. Zugenommen haben Arbeitsverhältnisse unter 20 Stunden. Sie machen heute knapp ein Drittel aus und lagen 1991 noch bei etwa 18 Prozent. Besonders gewachsen sind hier die Minijobs unter 15 Stunden: von 6 auf 14 Prozent. Dies sind jedoch die Jobs, die sozial nicht abgesichert sind, sie bedeuten also ein Risiko fürs Alter oder bei Scheidung. Minijobs machen Frauen abhängig von ihrem Partner – und doch werden sie von der Politik massiv gefördert.

Stress am Arbeitsplatz, unerwünschte Arbeitsmodelle für Familien, prekäre Jobs für Frauen – diese Fakten zeigen, dass wir dringend zu einer neuen, familienfreundlichen Arbeitspolitik kommen müssen. Gut, dass es den Rechtsanspruch auf den Kita-Platz für unter Dreijährige nun gibt. Doch wie ich schon erwähnte: Wir haben noch längst nicht genügend Angebote, allemal im Westen. Unsere Gesellschaft hat Kinderbetreuung zu einem Randproblem verkommen lassen, Gerhard Schröder sprach von »Gedöns«, dabei legt dies unsere wirtschaftliche und gesellschaftliche Basis.

Familienleben erleichtern

Doch wir können etwas tun, um Familienleben zu erleichtern. Ein wichtiger Faktor ist hier die so genannte große Teilzeit. Stellen zwischen 31 und 35 Stunden die Woche wünschen sich fast die Hälfte aller Eltern und diese empfehlen Arbeitsmarktexperten mit Blick auf Existenzsicherung und Rente auch als sozial sicher. Und doch machen sie nur 5,7 Prozent aller Arbeitsverhältnisse aus. Wir brauchen dieses Arbeitszeitmodell aber in der Breite. Es mag sein, dass dies für die Unternehmen ungewöhnlich ist, doch die Einführung der Minijobs hat gezeigt, wie schnell etwas disponibel ist und wie prompt sich der Markt anpasst. Hier muss eine familienfreundliche Arbeitszeitpolitik dringend Anreize setzen. Ich bin mir

nicht sicher, ob wir gleich eine generelle Arbeitszeitver-
kürzung auf eine 30-Stunden-Woche brauchen, wie sie
Prominente in einem offenen Brief zu Beginn 2013 gefordert haben. Das klingt zwar verlockend: Das Ende der Ar-
beitslosigkeit, das Ende der Verdrängung Älterer aus dem
Beruf, das Ende der Unterbeschäftigung von Frauen, das
Ende der Überlastung von Vätern, ein Ende des Bur-
nouts … Doch ich glaube, dass ein paar gesetzlich gere-
gelte finanzielle Anreize für den Arbeitsmarkt genügen –
dann ziehen die Unternehmen und die Arbeitnehmer
von allein nach.

In diesem Zusammenhang finde ich es auch lohnend,
noch einmal neu über Zeitkonten nachzudenken. Die
Münchner Sozialwissenschaftlerin Karin Jurczyk etwa fordert einen »atmenden Lebenslauf« für Arbeitnehmer. Ge-
meint sind so genannte Zeitkonten von fünf Jahren, innerhalb derer man flexibel und selbstbestimmt arbeiten
kann, dreiviertel oder aussetzen, halbtags oder voll – je
nachdem, wie es die Familienarbeit erfordert. Am Ende
muss das Konto ausgeglichen sein. Wenn ein Sabbatical
für Führungskräfte längst zum guten Ton gehört, warum
dann nicht auch eine Auszeit für die Familie in der Breite? Die Arbeitswelt ist heute schon oftmals viel flexibler,
als Tarifverträge es widerspiegeln, und ich würde mir
wünschen, dass Gewerkschaften und Arbeitgeber hier zu
kreativen Lösungen kommen.

In Anbetracht all dieser Zahlen zur Situation von jun-
gen Eltern finde ich es empörend, dass die FDP einen
Gesetzentwurf über die Großelternzeit verhindert. Die
Idee ist, Großeltern einen Rechtsanspruch auf eine Aus-

zeit vom Beruf einzuräumen, wenn sie ihre Enkel betreuen wollen. Gedacht ist an die Regelungen, wie wir sie aus der Elternzeit kennen, allerdings ohne finanziellen Ausgleich. Dies ist doch ein richtiger Ansatz – die Älteren zu unterstützen, die sich für ihre Familie einsetzen wollen, um zugleich die Belastung der mittleren Generation zu mildern. Ich glaube nicht, dass es die eine Lösung für alle Arbeitsprobleme der Sandwich-Generation gibt, aber es gibt viele kleine Ansätze – Vertrauensarbeitszeit, große Teilzeit, Arbeitszeitkonten und eben auch Großelternzeit –, mit denen wir ihr das Leben leichter machen können.

Die Alten könnten helfen

Wenn man angesichts der Überlastung junger Eltern die Situation älterer Arbeitnehmer betrachtet, wird hier die absurde Situation am Arbeitsmarkt sichtbar. Die einen arbeiten zu viel, die anderen werden ab Mitte fünfzig aus dem Beruf gedrängt, obwohl sie noch arbeiten wollen und können. Die Beschäftigung Älterer liegt nach Angaben des DGB immer noch auf niedrigem Niveau. Nur jeder Dritte über 60 Jahren ist sozialversicherungspflichtig beschäftigt. Weitere 470.000 Menschen zwischen 60 und 65 haben laut DGB nur einen Minijob. Und zugleich ist die Zahl der arbeitslosen Älteren gestiegen. Jeder dritte Arbeitslose ist inzwischen über 50 Jahre alt.

Angesichts solcher Zahlen muss ich immer an den Senior-Experten-Service denken, engagierte Fachleute im Rentenalter, die teilweise sogar im Ausland unter schwierigsten Bedingungen helfen, Unternehmen aufzubauen oder zu modernisieren. Mehr als 10.000 Ehrenamtliche sind hier tätig. Senior Experten sind vorwiegend in kleineren und mittleren Unternehmen und Einrichtungen der Berufsbildung und des Gesundheitswesens tätig, aber auch für Organisationen und Institutionen wie beispielsweise die Deutsche Gesellschaft für Internationale Zusammenarbeit. In der Regel dauern diese ehrenamtlichen Einsätze drei bis sechs Wochen, höchstens aber sechs Monate. Das Credo des Senior-Experten-Service gefällt mir besonders gut: »Zukunft braucht Erfahrung!« Und natürlich sind es nicht nur die Experten, die auch im höheren Alter noch etwas für Unternehmen leisten können und wollen. Selbst in körperlich anstrengenden Berufen kann man die Kollegen umschulen, so dass sie andere Aufgaben im Betrieb übernehmen können. Ein gutes Beispiel ist für mich die Werkumstellung bei VW. Dort wurde das Fördersystem, an dem früher über Kopf montiert wurde, so umgestellt, dass nun eine Montage im Sitzen möglich ist. Und die ist natürlich auch für ältere Arbeitnehmer möglich. Auf solche Weise kann man Menschen eine Brücke bauen, länger im Betrieb zu bleiben und auch länger die jahrelange Berufserfahrung zugunsten des gesamten Unternehmens einzubringen. Die IG Chemie versucht in ihrer gesamten Branche per Tarifvertrag altersgerechte Arbeitsplätze zu gestalten. Hier geht vieles.

Wie kann es da sein, dass wir Menschen auf dem Höhepunkt ihrer beruflichen Erfahrung kaltstellen, anstatt ihr Know how für unsere Betriebe zu nutzen? Wie kann es sein, dass wir älteren Mitarbeitern junge dynamische Manager vor die Nase setzen, die zwar frisch von der Fachhochschule kommen, aber nicht annähernd über die jahrelange Erfahrung verfügen, die die Alten gesammelt haben? An dieser Stelle wirkt die Demografie wie ein Katalysator: Sie bringt endlich ein Umdenken in deutschen Unternehmen in Bezug auf die Qualität von älteren Arbeitnehmern in Gang.

Altersbeschäftigung nicht diskriminieren

Neben der frühen Verdrängung aus dem Arbeitsmarkt ist es auch die starre Verrentung, die ältere Arbeitnehmer benachteiligt. Die Arbeitswelt hat sich in den letzten Jahrzehnten stark verändert. Wir haben nicht mehr geschlossene Jahrgänge von Industriearbeitern, die mit Mitte fünfzig reif für die Rente, weil körperlich ausgelaugt sind. Wir haben ganze Jahrgänge von Arbeitnehmern, besonders in kreativen, aber auch in technischen Berufen, die in diesem Alter gerade erst durchstarten und sich auf der Höhe ihrer geistigen Leistungsfähigkeit befinden. Die können wir doch nicht aufs Sofa setzen! Veränderte Realitäten muss man anerkennen. Und das bedeutet auch ein flexibles Renteneintrittsalter. Im Beamtenrecht gibt es inzwischen die Möglichkeit, dass man im Einvernehmen über 65 Jahre hinaus beschäftigt werden kann. Diese Möglichkeit nehmen immer mehr Beamte wahr. Ich finde in diesem Zusammenhang eine Überlegung der IG BAU sehr bedenkenswert. Die Gewerkschaft fordert, eine flexible Rente je nach Beruf einzuführen – das so genannte Alters-

Flexi-Geld. Der Müllwerker, die Altenpflegerin, der Bauarbeiter dürften nach diesem Modell mit rund fünfzig Jahren ohne Abschläge in Rente gehen, während es bei dem Journalisten, dem Hochschullehrer, der Bürokraft eben erst mit Siebzig so weit ist. Das halte ich für eine lebensnahe Lösung. Wir müssen unsere starre sozialpolitische Struktur anpassungsfähig halten an die veränderten Lebensbedürfnisse der Menschen. Wir müssen nicht einfach nur wegen des Prinzips sagen – das geht nicht –, sondern wir müssen uns immer wieder fragen – stimmt das eigentlich noch? Ist es gerecht, dass wir eine Krankenschwester, die sich mit Mitte fünfzig den Rücken am Pflegebett ruiniert hat und Zeit ihres Lebens nur gering entlohnt wurde, in Hartz IV entlassen? Ist es gerecht, dass wir eine gut verdienende Redakteurin, die mit Mitte fünfzig ihre besten Recherchen macht, aufs Altenteil schicken? Die eine kann nicht mehr, die andere will noch – unsere Arbeitswelt ist nicht für alle gleich, da muss man dieser Ungleichheit auch Rechnung tragen. Es ist so, dass immer mehr Ältere mit ihrer Qualifikation erstens im Geschäft bleiben wollen sowie angesichts der wachsenden Altersarmut auch müssen und zweitens dringend gebraucht werden. Von beiden Seiten gibt es also ein Interesse an Altersbeschäftigung – das kann man nicht aus gut gemeinten Schutzgründen strikt untersagen oder diskriminieren.

Ich bin sehr dafür, dass wir für unterschiedliche Lebensentwürfe unterschiedliche sozialpolitische Antworten finden – das gilt nicht nur für die letzten Jahre eines Berufslebens, das gilt auch für seinen Beginn und die stressigen Jahre mittendrin.

Kapitel 5
Über den Tellerrand blicken

Weltweite Trends

Der Generationenzusammenhalt ist selbstverständlich nicht nur eine Herausforderung für die deutsche Gesellschaft. Weltweit verändern sich die Zusammensetzungen der Altersgruppen – aus den unterschiedlichsten Gründen. Ein eklatantes Beispiel ist sicherlich die Ein-Kind-Politik in China, die, wie man mittlerweile erkennt, eine misstrauische und bindungsarme Generation hat heranwachsen lassen. Und das ist nicht das einzige Problem, das auf diese Politik folgt: Inzwischen verordnet die Kommunistische Partei den Bürgern ihres Landes per Gesetz regelmäßige Besuche bei ihren Eltern und Großeltern. Arbeitgeber sind dazu angehalten, Angestellten für Familienbesuche freizugeben. Auch durch wohnungspolitische Maßnahmen soll erreicht werden, dass Kinder und Eltern näher beieinander wohnen. Mit dieser bevormundenden Maßnahme reagiert die Partei auf das von ihr selbst verursachte Demografieproblem: Zurzeit sind rund 13,7 Prozent der chinesischen Bevölkerung über 60 Jahre alt. Diese Zahl wird sich bis 2030 verdoppeln. Wegen der seit 1979 geltenden Ein-Kind-Politik sind viele jüngere Chinesen Einzelkinder – und die staatlich organisierte Altenpflege steckt noch in den Anfängen. Wer soll sich nun um die Alten kümmern? Wie traurig für dieses traditionell stark familienorientierte Land. Dieses politische Großexperiment zeigt, wie fragil das Gefüge Gesellschaft ist: Verändere ich eine Zutat, hat das Folgen für die gesamte Mixtur.

China ist nur ein Ausschnitt. Weltweit sind zwei große Trends der Bevölkerungsentwicklung zu erkennen: schrumpfende Gesellschaften im reichen Norden, Überbevölkerung im armen Süden. Und natürlich hat das Folgen für das Leben der Menschen hier wie dort. Die Bevölkerung der Industriestaaten wird Schätzungen zufolge bis 2050 um ein Viertel zurückgehen. Dies wiederum lässt die Nachfrage nach ausländischen Kräften aus Entwicklungsländern ansteigen, wo die Zahl der Arbeitskräfte von 2,4 Milliarden im Jahr 2005 auf 3,6 Milliarden bis zum Jahr 2040 ansteigen wird. Die weltweiten Wanderungsbewegungen, die die Menschen auf der Suche nach Arbeit um den Globus treiben, werden also zunehmen – und mit ihnen wird die Internationalisierung voranschreiten. Wir werden alle ein Stückchen weiter zusammenrücken. Und das ist nicht das Schlechteste, was uns passieren kann. Doch um diese Internationalisierung unseres Alltags zu bewältigen, müssen wir uns rechtzeitig nach Verbündeten in anderen Ländern umschauen. Wie es so oft der Fall ist, sind hier die Bürger weiter als ihr Staat. Nur ein Beispiel: Rund hunderttausend junge Frauen aus Osteuropa pflegen in deutschen Familien alte und kranke Menschen – ohne dass sie dafür eine offizielle Arbeitserlaubnis hätten. Man kann diesen Umstand beklagen – dass die deutschen Familien nicht selbst pflegen, dass hier ausländische Arbeitskräfte ausgebeutet werden – doch es ändert nichts an der gelebten Realität. Ich bin dafür, diese Pflegeverhältnisse zu legalisieren und sozial abzusichern. Auch weil ich inzwischen viele Fälle kennengelernt habe, in denen die Pflegekraft aus Polen oder der Ukraine zu einem geliebten Teil der Familie geworden ist. Der deutsche Staat kann da nicht so tun, als bräuchten wir diese Hilfe aus Osteuropa nicht. Wir brauchen hier eine pragmatische Lösung für die betroffenen Frauen und die auf Hilfe angewiesenen Alten. Im Grunde ist dieses Pflegemodell ein intergenerationeller Austausch über Grenzen hinweg. Und ich bin mir sicher: In Zukunft werden wir zu mehr Lösungen dieser Art kommen, wenn hier die Probleme, die eine alternde Gesellschaft mit sich bringt, drängender werden. Da hat es wenig Sinn, die Augen vor solchen Phänomenen zu verschließen.

Und noch etwas müssen wir lernen: Dass wir von anderen Gesellschaften etwas lernen können. Es kann hilfreich sein, den Blick über den Tellerrand zu wagen. Es kann der deutschen Sozialpolitik auf die Sprünge helfen, sich das niederländische Gemeinwesen anzuschauen, und es kann der deutschen Bildungspolitik gut tun, die finnische Schule sich zum Vorbild zu nehmen. Wir sind mit dem demografischen Wandel nicht allein, auch andere Gesellschaften müssen die Veränderungen, die dies mit sich bringt, bewältigen. Diese Erkenntnis sollte uns sensibel machen für die Bedingungen, unter denen die Generationen weltweit zusammenleben.

Die Aidswaisen und ihre Großmütter

Auch aus dem Umgang mit dramatischen gesellschaftlichen Verwerfungen können wir Denkanstöße für unser Gemeinwesen mitnehmen. Ich denke hier an die Aidswaisen Afrikas. Das südliche Afrika gehört zu den Regionen mit den höchsten Aids- und HIV-Raten weltweit. 2011 lebten nach Schätzungen der UNO 23,5 Millionen Menschen mit HIV im Afrika südlich der Sahara, das sind rund 70 Prozent der weltweit mit dieser Krankheit infizierten Menschen. Und es sind vor allem die Menschen mittleren Alters, die von dieser Krankheit betroffen sind. Eine ganze Generation stirbt hier weg. Sie hinterlässt eine Vielzahl an minderjährigen Kindern, die dringend auf Hilfe angewiesen sind. Etwa 12 Millionen Waisen müssen auf dem afrikanischen Kontinent in der Folge von HIV/AIDS versorgt werden. 12 Millionen! Was für ein massenhaftes trauriges Schicksal, das diesen Kindern den Start ins Leben so schwer macht. 12 Millionen – die kann man nicht mal eben in ein Waisenheim stecken, das wäre unvorstellbar.

Doch diese Kinder sind nicht alleingelassen. In vielen Fällen, etwa bei der Hälfte, sind es ihre Großeltern, vor allem die Großmütter, die sich um die verwaisten Enkel kümmern und ihnen einen Weg ins Leben bahnen, sie versorgen, zur Schule schicken und sie vor einem Leben in Kriminalität und Elend bewahren.

Ich kenne Familien mit vier, fünf und noch mehr Kindern, die plötzlich ohne Eltern dastehen. Wohin mit den Kindern, wenn plötzlich Vater und Mutter, aber auch Onkel und Tante gestorben sind? Dann sind es die Großmütter, die Verantwortung übernehmen. Frauen, die ihr Leben lang selbst Überlebenskämpfe ausgestanden, die ihre Kinder großgezogen, den Mann und dann die eigenen erwachsenen Kinder bis zum Tod gepflegt haben und nun in ihrer kleinen Hütte mit vielleicht einem kleinen Garten drum herum leben und vielleicht mit einem kleinen Stand auf dem Markt oder einer kleinen Näherei sich ein paar Rands verdienen. Die Renten in diesen Ländern sind verschwindend gering.

Ich habe auf einem meiner Besuche in Südafrika zwei der alten Frauen, die für ihre Enkel sorgen, persönlich kennengelernt. Beide lebten in einem Suburb bei Durban. Ein Hüttenmeer, geprägt von hoher Kriminalität und großer Armut. Sie lebten auf der nackten Erde, in Blechhütten, die sie sich aus Abfällen zusammengebastelt hatten – ohne Fenster, mit einem Wall aus Schrott, der das Haus schützte. Wir stellen uns einen Kraal ja immer so romantisch vor, als Konstruktion aus Naturhölzern und Palmwedeln. Hier war nichts Romantisches, hier war Müll, mit dem sie ihre Hütte wie eine Burg umgaben. Manche der Hütten in der Gegend hatten einen Wasseranschluss, die meisten Bewohner aber mussten ihr Wasser in Kanistern von der zentralen Zapfstelle holen. Man kann sich solch ein Leben gar nicht einfach genug vorstellen. Ein Raum mit einer Feuerecke, einer Kiste mit Nahrungsmitteln, einer zweiten mit Decken und Wäsche, und mit etwas Glück ein Tisch mit wackeligen Beinen und zwei, drei Stühlen sowie Liegeplätzen auf der Erde. Für mich war das eine extreme Erfahrung. Wenn wir wohlstandsverwöhnten Europäer in solchen Hütten leben müssten, würden wir das kaum aushalten. Aber diese Frauen haben ihr ganzes Leben hier verbracht und teilten es nun mit einer ganzen Kinderschar. Beide mussten ihre Hütte erweitern, weil vier, fünf Kinder plötzlich unterzubringen waren. Da wurde dann die Vorratshütte zu einer Kinderhütte umfunktioniert und das Essen bei einer Freundin gelagert. Die beiden Frauen versuchten, den Kindern eine Struktur zu geben, schickten sie zur Schule – damit sie etwas lernen, aber auch, damit für wenigstens ein paar Stunden am Tag jemand anderes die Verantwortung für sie übernimmt. Aber was tun mit den Kleinen? Kindergärten gibt es nicht. Also tut man sich mit den Nachbarinnen zusammen, und eine passt auf die Kinder auf, während die anderen auf den Markt gehen oder etwas kochen. Bei den Kindern, die da vor den Hütten spielen, sieht das Leben so einfach aus. Doch für die alten Frauen, vielleicht Mitte fünfzig, aber vom Leben gezeichnet, mit weißen Haaren, tiefen Furchen im Gesicht, ausgezehrten Körpern, ist ein solches Leben natürlich eine große Stresssituation. Dafür zu sorgen, dass Tag für Tag etwas zu essen auf den Tisch kommt, wenn man mal nicht eben auf den Markt gehen und sich etwas kaufen kann, ist sehr schwer. Da wird das Gärtchen beackert, da wird den Nachbarn für eine Wurzel Yams geholfen, da wird die Verwandtschaft um Nahrungsmittel gebeten, da wird getauscht und organisiert. Und das Bewundernswerte an diesen Frauen ist: Es funktioniert. Die Hilfsbereitschaft untereinander ist unglaublich hoch. Weitläufige Verwandte, Freunde und Nachbarn fühlen sich in einem Maße verantwortlich füreinander, das man bei uns nicht oder nicht mehr kennt. Und so hilft man sich selber über die Runden und den verwaisten Kindern auch. Die Vitalität dieser beiden alten Frauen war ebenso beeindruckend wie ihr Überlebenswille. Dabei waren beide längst in einem Alter, in dem sie selbst Hilfe benötigt hätten – aus unserer Sicht müssten sie Hilfe haben. Sie selbst hatten überhaupt keine Erwartungshaltung, dass vielleicht der Staat ihnen helfen könnte. Diese Frauen sind unter der Prämisse aufgewachsen, dass derjenige, der sich nicht selbst helfen kann, verloren ist.

Hilfe für die »stillen Heldinnen«

Mich rühren diese Frauen, die ihre letzte Kraft und ihre ganze Lebenserfahrung zusammenraffen, um ihre Enkel ins Leben zu begleiten, vielleicht auch deswegen so stark, weil es auch bei mir und meinen Geschwistern die geliebte Großmutter war, die uns durch die Kriegsjahre gebracht hat. Ich weiß, wozu alte Menschen in der Lage sind. Was diese alten Frauen unter diesen haarsträubenden Lebensbedingungen schaffen, ist unglaublich. Diese Frauen sind für mich im Sinne des Wortes »Große Mütter«. Ohne sie gäbe es für Millionen Kinder auf diesem Kontinent keine Lebensperspektive. Doch in den Hilfsprojekten und internationalen Kampagnen kommen sie so gut wie nicht vor. In ihrem Kampf für die Enkel und gegen die Aidsepidemie bleiben sie meist auf sich allein gestellt. Sie und ihre Lebenslage möchte ich in die Entwicklungszusammenarbeit einbeziehen. Deshalb unterstütze ich die weltweite Hilfsorganisation »HelpAge«, deren Schirmherr in Deutschland ich bin. HelpAge ist eine entwicklungspolitische Hilfsorganisation, die den Schwerpunkt ihrer Arbeit darin sieht, alte Menschen in den Entwicklungsländern zu unterstützen. Sie arbeitet auf der Grundlage des Menschenrechtsansatzes und eines generationenübergreifenden Verständnisses von Entwicklung. Mitglieder des Vereins sind Experten aus der Entwicklungszusammenarbeit und Fachleute aus verschiedenen Themenfeldern wie Wissenschaft, Altenarbeit, Werbung, Journalismus und Recht. Wir alle arbeiten ehrenamtlich.

Die Schauspielerin Hannelore Hoger und ich setzen uns insbesondere für »die stillen Heldinnen« ein, wie wir die Großmütter Afrikas nennen, die keinen Wind um ihr Schicksal machen. Im Gegenteil: Sie sind zufrieden, wenn sie über die Runden kommen. Umso mehr versuchen wir, sie zu unterstützen. Zum einen sammeln wir Geld für monatliche Zuwendungen. Zum anderen werben wir auf der politischen Ebene für eine Mindestrente. Wir meinen, das ist eine nachhaltigere Entwicklungshilfe als irgendwelche gigantischen Projekte zu subventionieren, die dann anschließend durch Korruption, durch Misswirtschaft scheitern. Die Überlebenschance für die Kinder sind die handlungsfähig gebliebenen Großmütter. Wir müssen ein Bewusstsein dafür schaffen, dass sie zu uns gehören und dass sie mit uns rechnen können. Das von HelpAge unterstützte Projekt KwaWazee in Tansania zum Beispiel lässt 850 Großmüttern in und um Nshamba in der Nähe des Victoriasees eine kleine monatliche »Grundrente« zukommen. Jede der Großmütter erhält umgerechnet etwa 5 Euro monatlich plus 2,50 Euro zusätzlich für jedes der über 500 mitversorgten Enkelkinder.

So wie die Hilfe für die von Aids betroffenen Großmütter im südlichen Afrika, so versucht Help-Age weltweit, die Lebenslagen älterer Menschen in die Entwicklungszusammenarbeit einzubeziehen. Immer geht es darum, alten Menschen eine Existenz zu sichern. Hilfe zur Selbsthilfe ist unsere oberste Maxime. Das können, wie in Asien, die Ausstattung alter Frauen mit Nähmaschinen sein oder, wie in Lateinamerika, die Schaffung von Altenarbeitsplätzen in Kooperativen. Mal stellt Help-Age Gelder zur Verfügung, manchmal geht es aber auch schlicht darum, vor Ort für die Situation alter Menschen um Verständnis zu werben. Sicher, auf einem Acker kann ein über 70-Jähriger vielleicht nicht mehr arbeiten, aber die von den Kollegen angebauten Produkte kann er auf dem Markt verkaufen.

Unser politisches Ziel ist eine Grundsicherung für alte Menschen weltweit. 80 Prozent der Senioren in den Entwicklungsländern haben kein regelmäßiges Einkommen. 100 Millionen alte Menschen müssen mit weniger als einem US-Dollar am Tag auskommen. Umso mehr beeindruckt mich immer wieder der persönliche Einsatz alter Menschen für andere – und viele gehen dabei bis an den Rand ihrer Belastungsfähigkeit. Wer die Großeltern-Generation unterstützt, hilft der ganzen Familie.

Diese alten Frauen in Afrika haben mich gelehrt, dass alte Menschen noch Hoffnungsträger sein können. Sie sind diejenigen, die das Land zusammenhalten und die für die Kinder zu Lebensretterinnen werden. Und das ist etwas Wunderbares. In einem Alter, in dem die meisten sagen, nun ist es genug, nun leb du mal noch deinen Lebensabend, wird da ein alter Mensch zum Fundament des Lebens. Mich lehren diese alten Frauen aber auch, dass es unvernünftig ist, die Generationen zu trennen und die Menschen aus ihrem gewachsenen Lebensumfeld herauszuholen. Jetzt gründen wir mal einen Kraal oder eine ganze Stadt für alte Leute? Jetzt stecken wir die Kinder in Heime? Afrikas Aidswaisen in isolierten Heimen? Was für eine furchtbare Vorstellung! Das würde in Afrika kein Mensch machen. So etwas machen wir hier bei uns oder in den USA. In Afrika wäre die Vorstellung unerträglich, die Generationen zu trennen. Das Leben in der Familie, in der Großfamilie ist die Basis. Ein isoliertes Leben ist kulturell unvorstellbar.

Wir können von diesen alten Frauen lernen – so extrem bescheiden ihre Existenz ist –, dass es segensreich ist, wenn ich ein Zuhause habe, einen Ort, an dem ich mich auskenne und eine Nachbarschaft, die ich sortieren kann – von wem droht was und wer hilft mir? Wir wollen nicht wie Flugsand durch die Gegend geweht werden. Das weiß auch Nelson Mandela, der jetzt, da er sich mit seinem Tod vertraut macht, in sein altes Dorf zurückgezogen ist. Dabei könnte dieser berühmte Mann sich jede Klinik, jede Residenz dieser Welt aussuchen, um auf sein Ende zu warten. Nein, er geht in sein Dorf. Nelson Mandela zeigt, die Aidsgroßmütter zeigen, dass Menschen liebevoll anzunehmen keine Frage von Geld ist.

Diese alten Frauen reden nicht darüber, dass sie ihre Enkelkinder lieben. Sie leben diese Liebe. Die Kinder reden auch nicht darüber. Sie wissen, dass die Oma sie ins Herz geschlossen hat und alles für sie tun würde und für sie sorgt, solange sie lebt. Fürsorge und Liebe sind nicht vom Geld abhängig, nicht von Bildung oder Religion, nicht von intellektuellen Überbauten oder politischen Programmen. In jedem Menschen ist Empathie angelegt, und selbst unter widrigsten Umständen ist sie abrufbar. Solche Erfahrungen wie in Afrika stärken meinen Glauben an die Menschen, solche Erfahrungen stärken meinen Glauben viel mehr als jede noch so fromme oder kluge Predigt. Solche Erfahrungen geben mir die Zuversicht, dass wir globale Antworten finden auf den demografischen Wandel. Überall verschiebt sich die Zusammensetzung unserer Gesellschaften – hier durch den medizinischen Fortschritt und Kinderlosigkeit, dort durch das Sterben einer Generation. Das Ergebnis ist, immer mehr Alte leben mit immer weniger Jungen zusammen. Ich bin überzeugt, dass die Antwort auf die sich verändernden Gesellschaften nur die sein kann: Wir müssen zusammenrücken. Die Generationen müssen sich gegenseitig mehr helfen. Das sage ich als ein Großvater, der zwar von seinen Enkeln räumlich getrennt lebt, sich aber dennoch müht, zur Stelle zu sein, wenn er gebraucht wird. Und natürlich ist dies kein täglicher Einsatz und schon gar nicht von materieller Not überschattet. Umso größer ist mein Respekt diesen Frauen gegenüber, die für ihre Enkel Tag für Tag unter den widrigsten Umständen sorgen.

Die arbeitslose Jugend Südeuropas

Eine ganz große Herausforderung, den Zusammenhalt der Generationen zu bewahren, erleben wir gerade vor unserer eigenen Haustür. Die Eurokrise führt zu einem Brain-drain im Süden Europas – die jungen, gut ausgebildeten Menschen kommen zu uns, weil sie zuhause in Griechenland, in Spanien keine Perspektive finden. 2012 sind so viele Einwanderer nach Deutschland gekommen, wie seit rund 20 Jahren nicht mehr. Besonders aus den südeuropäischen Krisenstaaten Spanien, Griechenland, Portugal und Italien. Alles in allem ergab sich für 2012 ein Zuwanderungsplus von 370.000 Menschen, so die Zahlen des Statistischen Bundesamtes. Zurück bleiben in den Ländern des europäischen Südens die Alten und jene, die nicht den Weg ins Ausland wagen oder nicht die Qualifikation dafür besitzen. Die Hälfte der jungen Menschen in Südeuropa ist arbeitslos und in Brüssel fürchtet man sich inzwischen vor einer »verlorenen Generation«. 5,5 Millionen junge EU-Bürger suchen einen Job! Eine NGO in Spanien, die sich bezeichnenderweise »Jugend ohne Zukunft« nennt, schätzt, dass pro Woche einige tausend junge Spanier auswandern. Das wird Folgen für die Daheimgebliebenen haben. Familien werden auseinandergerissen, ein ganzes gesellschaftliches System wird implodieren, der Süden Europas wird vergreisen. Wer soll die Wirtschaft dort am Laufen halten, die Fabriken füllen und die Häuser bauen? Wer soll die Alten, die Kranken pflegen? »Die Jugendarbeitslosigkeit ist für die Gesellschaft ein Tod auf Raten«, warnt der Rektor der

Universität Lissabon, António Sampaio da Nóvoa. Und ich fürchte, er hat Recht. In Spanien sind schon mehr als 400.000 Familien auf die Unterstützung der Großeltern angewiesen, weil auch das Gehalt der Eltern nicht mehr ausreicht, die Familie über die Runden zu bringen.

Im Moment mag es so aussehen, dass wir Deutschen von dieser Krise profitieren, dass unsere Unternehmen ihre Facharbeiterlücken mit den gut ausgebildeten jungen Leuten aus dem Süden stopfen können. Wir profitieren davon, dass der Süden abstürzt – das ist bestürzend. Dieses Denken, abgesehen davon, dass es zynisch ist, ist ein Vabanque-Spiel. Denn wer soll unsere Produkte kaufen, wenn wir die Märkte im Süden unserer Union zerstören? Unternehmerisch betrachtet ist es ein hohes Risiko, diese Krise im Süden Europas zuzulassen. Und das merken wir bereits. Die Bundesrepublik boomt und trotzdem warnt die Industrie vor der nächsten Krise, weil die Abnehmerländer nicht mehr abnehmen. Was habe ich von dem ganzen Boom-Gerede, wenn die, die meine Waren kaufen sollen, nicht mehr zahlungsfähig sind? Die südlichen EU-Länder ihrem Schicksal zu überlassen, ist ökonomisch unvernünftig und menschlich wie politisch eine Katastrophe.

Aus meiner Sicht ist durch die Jugendarbeitslosigkeit das gesamte Projekt Europa gefährdet. Wir erzählen der ganzen Welt, wir hätten kapiert, wie man Kriege überwindet und wie aus Kriegsgegnern Freunde werden, die gemeinsam für die Entwicklung ihrer Länder und ihrer Kinder sorgen. Dabei gilt dies aber nur für einen Teil von Europa, der auf Kosten des anderen lebt. Wir im Norden lassen die im Süden hängen. Das ist eine Katastrophe – nicht nur für den einzelnen EU-Bürger, sondern auch für die betroffenen Länder und die Europäische Union insgesamt. Wenn die Politik meint, diese massive Krise einfach aussitzen zu können – nach dem Motto »Irgendwann kommen die im Süden schon dahinter, dass sie sich auch selbst anstrengen müssen« –, dann riskiert sie ihre eigene Zukunft. Darum ist es höchste Zeit, dass wir einen Marshall-Plan, wie ihn die Amerikaner nach 1945 für Westdeutschland aufgelegt haben, nun auch für den abgehängten Teil Europas auflegen – aus Sorge und Solidarität um die betroffenen Menschen, aber auch für uns selbst. Sonst sitzen wir irgendwann auf einer Insel namens Resteuropa und fangen wieder dort an, wo wir mal vor über 50 Jahren standen. Die EU, ein gescheitertes Projekt – das können wir nicht wollen.

Ich bin jemand, der auch schlechten Entwicklungen immer noch etwas Gutes abgewinnen möchte. Wenn die Krise die Mobilität der jungen Europäer erhöht, wenn die Krise die Vielsprachigkeit der Europäer erhöht, wenn die Krise beweist, dass wir nur multikulturell überleben können – dann hat das sogar etwas Gutes. So bitter die Krise im Augenblick ist und die Biographie von Millionen von jungen Menschen und ihrer Familien gleich mit riskiert, nehme ich doch auch wahr, dass unter dem Druck der Krise viele EU-Bürger dieses Erfolgsmodell der Geschichte nicht preisgeben wollen. Dass die Neonazis keine Chance haben, obwohl sie die typischen politischen

Krisengewinnler wären, ist für mich ein Beleg dafür, dass die große Mehrheit der Europäer auf eine gemeinsame Lösung setzt. Auch deshalb müssen wir mit allen vorhandenen Mitteln gegen diese Krise arbeiten. Daran beweist sich die Glaubwürdigkeit unseres politischen Modells. Wenn ich in Berlin in den Straßen oder in der U-Bahn erlebe, wie selbstverständlich die jungen Spanier, Griechen und Deutschen miteinander umgehen, dann gibt mir das Hoffnung. Dann denke ich, ja, so verändern wir uns. So werden wir endlich unseren Nationalismus und unsere Deutschtümelei überwinden. Wer redet denn heute noch von Leitkultur? Selbst Friedrich Merz würde sich heute lieber die Zunge abbeißen, als noch diesen Begriff in den Mund zu nehmen. Heute reden wir von Willkommenskultur, und das ist gut so. Lassen wir die Jobkrise der jungen Generation und die ökonomische Krise der südlichen Mitgliedsstaaten nicht zu einer politischen und gesellschaftlichen Krise für uns alle werden. Wir können das Auseinanderdriften der Generationen und unserer Länder verhindern. Und das sollten wir tun.

Die Misere der Wanderarbeiter

Auch in Europa, jedoch im Schatten unseres Blickfeldes, spielt sich derzeit ein weiteres Generationendrama ab. Ich spreche von den Wanderarbeitern und ihren daheimgebliebenen Familien.

Die meisten Wanderarbeiter in der EU stammen aus Südosteuropa, mittlerweile werden aber auch schon chinesische Leiharbeiter hierher zu Dumpingpreisen vermittelt. Ihre Lebens- und Arbeitsbedingungen sind oft katastrophal. Sie ziehen von einer Großbaustelle zur anderen, im Sommer stechen sie Spargel, pflücken Erdbeeren, im Herbst Äpfel oder Weintrauben, zu Weihnachten verpacken sie Bücher beim Internetversandhändler oder pflegen rund ums Jahr alte Menschen in Familien. Sie wohnen in Baracken, in baufälligen Häusern, in Containern. Weltweit arbeiten laut der Internationalen Organisation für Migration über 200 Millionen Menschen in anderen Ländern rund um den Globus – legal oder illegal, meist ohne schützende Tarif- oder Arbeitsverträge –, um das Überleben ihrer Familien zu sichern. Hinzu kommen noch einmal 200 Millionen chinesische Tagelöhner, die sich innerhalb dieses riesigen Landes auf Großbaustellen oder in Fabriken verdingen, und die überwiegend weit weg von zuhause unter schwierigen Bedingungen ihr Geld verdienen. Die IOM erwartet bis zum Jahre 2050 einen jährlichen Zuwachs von 2,3 Millionen Wanderarbeitern. Die Globalisierung gebiert ihre Kinder.

Sicher, dies ist nichts Neues. Wanderarbeiter hat es über Jahrhunderte gegeben. Das gesamte Ruhrgebiet ist von Wanderarbeitern aufgebaut worden, und so mancher eingefleischte Ruhrpöttler hat waschechte polnische Wurzeln. Der Wein an der Mosel, der Spargel in Niedersachsen wird seit Jahrhunderten von Saisonarbeitern geerntet. Ich habe meine Doktorarbeit über gefährdete Menschen geschrieben, auch da ging es um solche Wanderarbeiterexistenzen.

Nun, da die Wanderarbeit zu einer millionenfachen Existenz aufgrund der globalisierten Wirtschaft wird, und das krasse Wohlstandsgefälle zwischen dem Norden und Süden die weltweiten Wanderungsbewegungen beschleunigt, ist es mir umso wichtiger, dass wir zu fairen Regeln gegenüber diesen Menschen kommen, deren Arbeit wir in Anspruch nehmen.

Doch alle internationalen Mindeststandards können immer nur die eine Wunde der Wanderarbeiterschaft heilen: ihre Existenz im Arbeitsland verbessern, ihre Ausbeutung verhindern, Lohnprellung unterbinden, Rechtlosigkeit beenden. Und natürlich gibt es hiergegen Hebel, auch internationale – sie nimmt nur niemand in die Hand. In ihrem Jahresbericht 2013 schreibt Amnesty International: »Dennoch wurden die Rechte eben dieser Arbeitsmigranten 2012 größtenteils weder durch ihre Heimat- noch durch ihre Aufnahmeländer angemessen geschützt. (...) Sobald Arbeitsmigranten die Grenzen ihrer Herkunftsländer hinter sich gelassen haben, fühlen diese sich nicht länger für sie verantwortlich. Gleichzeitig sprechen ihnen die Aufnahmeländer alle Rechte ab, weil sie eine fremde Staatsbürgerschaft haben. Die Internationale Konvention zum Schutz der Rechte aller Wanderarbeitnehmer und ihrer Familienangehörigen von 1990 gehört noch immer zu den Menschenrechtsabkommen mit den wenigsten Vertragsstaaten. Keiner der Staaten in Westeuropa, die Migranten aufnehmen, hat das Abkommen bisher ratifiziert und auch andere wichtige Aufnahmeländer wie die USA, Kanada, Australien, Indien, Südafrika und einige der Golfstaaten gehören nicht zu den Vertragsstaaten.« Das ist eine bittere Erkenntnis: Unser Staat könnte etwas gegen millionenfaches Elend tun und tut es nicht – aus ökonomischen Erwägungen und weil sich dieses Elend im Schatten unserer Wirtschaft, weitgehend unsichtbar in unserem Alltag, abspielt.

Doch arbeitsrechtliche Mindeststandards sind das eine. Die zweite Wunde der Wanderarbeiter, von der ich spreche, ist ihre familiäre Situation. Und welche Heilung kann es hierfür geben? Anja, eine wunderbare Frau aus Polen, pflegt seit Jahren eine betagte Freundin von uns. Um ihre eigenen Kinder zuhause haben sich der Mann, die Großmutter und die Schwiegermutter gekümmert. Inzwischen sind die Kinder aus dem Gröbsten raus und haben die Schule geschafft. Und natürlich hat Anja ihre Kinder vermisst, all die Jahre in Deutschland, nur ab und zu auf Besuch zuhause. Und natürlich brauchen die Kinder die Mutter. Und natürlich ist da ein Scheck, Monat für Monat, ein schlechter Ersatz. Und doch hat Anja nie gesagt, was für eine arme Frau sie ist. Sie hat gesagt: Wir haben es geschafft. Und sie ist davon überzeugt, dass Flexibilität eine Voraussetzung ist für ein gutes Leben. Entsprechend hat sie ihren Kindern beigebracht, dass sie fremde Sprachen beherrschen müssen, um einen guten Job zu finden. Die Wanderarbeiterexistenz hat aus dieser Frau etwas gemacht. Sie ist plötzlich zur Ernährerin ihrer Familie geworden, sie hat der eigenen Familie einen sozialen Status verschafft, den die Nachbarn im Dorf nicht haben. Sie, die Wanderarbeiterin, ist zuhause nun wer. Aber sie zahlt einen hohen Preis dafür. Der Frankfurter Soziologe Mihai Balan beschäftigt sich seit Jahren mit den gesellschaftlichen Aspekten der Wanderarbeit. Er sieht durch die Wanderarbeit vor allem gravierende Folgen für die sozialen Strukturen in den Herkunftsländern der Arbeiter: Er spricht von Verwahrlosung bei vielen Kindern, von Überforderung der Alten, von Entfremdung und Schuldgefühlen der Eltern. »Man kann das ja mal durchspielen, wie das wäre, wenn man zehn Jahre lang fast ausschließlich von seiner Familie getrennt lebt«, sagte Balan in einem Radio-Interview. »Ich habe mal einen getroffen, der hat zehn Jahre lang jährlich ungefähr 30 Tage lang seine Familie gesehen. Was das für einen bedeutet: Man arbeitet für die Familie, aber ist nie Teil der Familie oder ganz selten. Das muss furchtbar sein.« Wanderarbeit ist eine harte Belastungsprobe für Familien weltweit. So wie in Afrika die Kinder aufgrund von Aids ohne ihre Eltern auskommen müssen, so vermissen Millionen Kinder weltweit ihre Eltern, weil die ökonomischen Zwänge sie ihnen nehmen.

Doch ich will dem Elend auch etwas entgegenhalten: Als Bremer bin ich mit der Seefahrertradition vertraut. Seit Jahrhunderten sind Männer dieser Stadt über die Meere gefahren und haben ihre Familien zurück an Land gelassen, um sie nur ab und zu für ein paar Tage im Jahr zu sehen. Die Frauen haben die Kinder bekommen, haben sie großgezogen und das Haus in Ordnung gehalten. Ich kenne solche Seemannsfrauen, beeindruckende Frauen, die eine Selbständigkeit entfaltet haben, die weitaus stärker ist als die der Ehefrauen mit Mann an Land. Ich kenne Seemannsfrauen, die mit vier, fünf Kindern ihr Leben organisiert haben und später mit ihrem Mann ein harmonisches Rentnerdasein geführt haben. Ich will solch eine Existenz nicht verklären. Ich weiß, dass das nicht einfach ist. Aber ich weiß auch, dass das geht. Ich glaube, in einer globalisierten Gesellschaft, in der wir unser Leben so dramatisch verändern, in der wir Verkehre organisieren, die früher undenkbar waren, in der wir in Echtzeit rund um den Globus kommunizieren können, müssen wir uns klar machen, dass die, die fern wohnen, eigentlich nah sind. Das ist nicht einfach. Aber wir können nicht dörfliche Idyllen zu unserem Traum machen, sondern wir müssen Lebensformen entwickeln, die den Wunsch, Vertrautes um uns zu haben, damit verbinden, am anderen Ende des Globus arbeiten zu müssen. Das ist gewöhnungsbedürftig, sicher. Aber die Globalisierung lässt uns keine andere Wahl: Wir müssen internationaler leben.

Eine globalisierte Zivilgesellschaft bauen

Ich persönlich bin glücklich darüber, dass ich an einem kontinent- und generationenübergreifenden Hilfsprojekt beteiligt bin, das seit Jahrzehnten zeigt, dass internationale Vernetzung über die Generationen hinweg und für den Zusammenhalt der Generationen möglich ist. Unser Verein »Pan y Arte«, mit dem engagierte Europäer versuchen, armen Kindern in Nicaragua eine Perspektive zu bieten, ist ein kleiner Beweis hierfür.

Seit über dreißig Jahren engagieren meine Frau und ich uns in Nicaragua. Unsere jüngste Tochter hatte 1981, zwei Jahre nach der sandinistischen Revolution, ein Auslandsjahr in Nicaragua verbracht. Nach diesem Jahr haben wir sie in ihrer Gastfamilie besucht, um zu sehen, wie sie dort gelebt und was sie dort gemacht hat. In diesem fremden Land mit großer Armut haben wir viel gesehen und gelernt. Meine Frau hat einige Zeit später, als unsere Kinder aus dem Hause waren, anderthalb Jahre als Klavierlehrerin an der Nationalen Musikschule in Managua gearbeitet.

Aus dieser Tätigkeit hat sich eine seitdem nicht unterbrochene und durch viele Besuche intensivierte Arbeit entwickelt. Durch die Zusammenarbeit vieler engagierter Menschen entstanden die Projekte, die heute von dem Verein »Pan y Arte« betreut und finanziert werden:

- Música en los Barrios – das ist Musikerziehung für Kinder in den Armen-Vierteln des Landes;
- Casa de los tres Mundos – ein Kulturzentrum in Granada mit Musik- und Malschule;
- eine Bibliothek in Managua und ein BiblioBus, der über Land fährt;

und

- Malacatoya – ein neues Dort für 1.300 Menschen, die nach dem Hurrican Mitch obdachlos geworden sind.

»Pan y Arte« ist von Dietmar Schönherr gegründet worden, der jetzt 87 Jahre alt ist und mich gebeten hat, sein Nachfolger als Vorsitzender zu werden. Das habe ich sehr gern übernommen, weil ich gerade in den armen Ländern der Welt Kulturarbeit für enorm wichtig halte, und weil mir das Land Nicaragua und die Menschen dort ans Herz gewachsen sind. Nun bin ich mitverantwortlich für diese Arbeit, die von vielen Menschen in der Schweiz, in

Österreich und in Deutschland getragen wird. Früher war ich immer nur der Ehemann meiner Frau, wenn es um Lateinamerika-Fragen ging. Nun bin ich es, der potentielle Spender anspricht, der Briefe an die Mitglieder schreibt und neue Projekte vorstellt.

Die Gründungsgruppe um Dietmar Schönherr, Ernesto Cardenal, Sergio Ramirez und meine Frau, war davon überzeugt, dass in diesem kolonial seit Jahrhunderten geknechteten Volk junge Menschen gefördert werden müssen, die den Mut zur eigenen Kultur und zu sich selbst haben. So kam es zur Gründung von Música en los Barrios, Kinder, die ohne die Arbeit von Pan y Arte nie eine Chance gehabt hätten, mit Musik in Berührung zu kommen – geschweige denn, selbst ein Instrument zu spielen –, bekommen Musik- und Instrumentalunterricht, anfangs auf der Blockflöte, später auch auf anderen Instrumenten. Unser Musikunterricht findet dezentral in Kirchengemeinden oder Schulräumen statt. Mit dem einfachen Flötenunterricht ist bei manchem Kind ein wahrer Bildungshunger ausgelöst worden.

Dietmar Schönherr sagt, Kultur ist ein Lebensmittel, und das beweisen uns die vielen Kinder und Jugendlichen, die die Chancen von Pan y Arte genutzt haben. Jahr für Jahr beobachten wir, dass die Kinder in dem Maße, in dem sie sich in unseren Projekten entwickeln, zugleich regelmäßig zur Schule gehen. Sie haben gelernt, verlässlich und pünktlich zu sein, ihre Flöte zu behüten und auf ihr zu üben. Wir stärken die Rolle der Kinder, sie bekommen plötzlich Ansehen in ihrer Familie. Das merke ich besonders, wenn sie Konzerte geben. Dann kommen die Eltern und Großeltern, lauschen und sind gerührt und begeistert. Unsere Kinder stehen dann auf der Bühne, ganz ernst, machen einen Diener und strahlen darüber, etwas Schönes geschafft zu haben. Sicher, das sind alles Ritualisierungen. Sie sind aber wichtig, weil man mit ihnen die Grundlage dafür legt, die Schule und Ausbildung zu bewältigen.

Meine Frau und ich haben einmal die Mutter dreier begabter Musikkinder besucht. Fünf Kinder waren sie insgesamt, ohne Vater. Die Familie lebte in einer Hütte, die sie an eine Kirchenmauer gebaut hatten – ohne Fenster, mit einem Bett, einem Herd und einer offenen Pappkiste als Vorratsraum. Als wir das erste Mal bei der Familie waren, gab es noch nicht einmal eine funktionierende Toilette. Inzwischen haben wir ihr eine finanziert. Aus diesem Milieu sind bisher zwei der Kinder bei Música inzwischen zu Professeritos geworden – sie unterrichten jetzt andere Kinder und tragen mit ihrem Stundenlohn zum Familien-Unterhalt bei. Solche Geschichten machen Hoffnung, und sie sind nicht ohne die Hilfe von anderen möglich.

Wir haben inzwischen mehrere junge Leute gefördert, die nun selbst in die Verantwortung für das Projekt hineinwachsen. Unser Vorzeigebeispiel ist Reyna. Sie ist als Siebenjährige zu Música gekommen, und wir begleiten sie nun schon seit über zwanzig Jahren. Wir haben ihr über Spenden, die wir bei der Bremer Eiswette eingesammelt haben, ein Musikstudium finanziert. Inzwischen hat Reyna ihren Master in Chorleitung und Musikpädagogik in Costa Rica gemacht – als Jahrgangsbeste. Worüber wir sehr glücklich sind, ist, dass uns mit ihr der doppelte Generationenwechsel geglückt ist. Wir haben Pan y Arte nun in jüngere Hände und vor allem in nicaraguanische Hände gegeben. Reyna ist mittlerweile unsere künstlerische Leiterin. Sie leitet ein Orchester, einen Chor, sie leitet inzwischen auch eine panamerikanische Weiterbildung für Musiklehrer, bei der jährlich 200 Teilnehmer zusammenkommen. Sie hat sich im Laufe ihres jungen Lebens eine Kompetenz erarbeitet, die uns stolz und glücklich macht, weil wir sehen, dass das, was wir mit Pan y Arte angefangen haben, einen Sinn hat. Als nächstes wollen wir die wirtschaftliche Leitung des Vereins in nicaraguanische Hände geben – hoffentlich auch an den eigenen Nachwuchs.

Im Moment durchlebt Pan y Arte einen Generationswechsel auch in Europa. Die Gründungsgeneration, und mit ihr meine Frau und ich, werden langsam zu alt, um Jahr für Jahr die aufreibende Reise nach Nicaragua anzutreten, um dort nach dem Rechten zu sehen, wir werden auch zu alt, um in Europa Spenden einzuwerben. Deshalb haben wir uns entschlossen, das Projekt auch hier in jüngere Hände zu geben, und ich bin sehr froh darüber, dass wir Matthias Brandt gewonnen haben, der uns mit seiner Popularität als Schauspieler hilft, unser Projekt weiterhin bekannt zu machen. Und meine Frau und ich freuen uns sehr, dass unser Sohn Christian sich engagieren wird. Für Nicaragua bedeutet dieser Generationswechsel ein Stück Emanzipation und für Europa bedeutet er, die Brücken, die wir vor Jahrzehnten aufgebaut haben, weiter aufrechtzuerhalten. Wenn meine Frau und ich achtzig sind, wollen wir den Verein und die Stiftung übergeben und dann jene begleiten, die daran weiterarbeiten.

Was ist die Botschaft von Projekten wie Pan y Arte? Zunächst die, dass wir Weltbürger sein können. Wir können etwas tun, wir müssen die Globalisierung nicht mit großen Augen ansehen und sie über uns ergehen lassen, sondern die Generationen können sich über Länder- und Altersgrenzen hinweg helfen. Wir versuchen das, indem wir die Menschen in ihrer Persönlichkeitsentwicklung stärken. Laotse, der Begründer des Taoismus, hat gesagt: »Gib einem Hungernden einen Fisch, und er wird einmal satt, lehre ihn Fischen, und er wird nie wieder hungern.« Diese Haltung steckt hinter unserem Projekt: Wir möchten über kulturelle Bildung, kulturelle Erfahrung die Kinder stärken, sich selbständig zu organisieren. Kulturelle Arbeit vermittelt mir, dass ich selbst etwas tun kann, dass ich selbst etwas erschaffen und für andere ein Vorbild sein kann. Das ist wichtig für meine Entwicklung, das ist wichtig für meine Charakterbildung und für mein Selbstbewusstsein. Wer es schafft, Flöte zu spielen, der schafft es auch, zur Schule zu gehen.

Diese Erfahrung machen wir nun schon eine ganze Reihe von Jahren und sie tut auch uns gut, weil wir auf diese Weise das Gefühl bekommen, wir hätten ein kleines Bausteinchen in dieser globalisierten Welt geschaffen, ein Stück von einem Fundament, das diese Kinder trägt. Die Haltung, wir können doch sowieso nichts tun gegen die Ungerechtigkeit der Welt, ist resigniert, ist auch zynisch.

Nein, anfangen muss man. Und anfangen kann man. Jeder, jederzeit, an jedem Ort.

Deiche gegen die Globalisierungsgefahren

All diese Schlaglichter – die Aidswaisen und ihre Großmütter in Südafrika, die jungen arbeitslosen Südeuropäer, die Wanderarbeiter und ihre Familien, aber auch Projekte wie Pan y Arte oder HelpAge – zeigen, dass uns die Generationenprobleme rund um den Globus etwas angehen. Sie zeigen aber auch, dass wir etwas tun können, um sie abzumildern. Ich erlebe die Globalisierung wie eine große Flutwelle, die uns alle überspülen wird, wenn wir ihr nichts entgegenhalten. Aber wir können ihr etwas entgegensetzen. Wir können einen Deich, viele Deiche errichten, und uns und unsere Nachkommen so vor einem entfesselten Kapitalismus schützen. Doch Deiche bauen kann man eben nicht allein. An einem Deich arbeiten Generationen, über Jahrhunderte hinweg. Und so etwas Ähnliches ist für mich soziales Engagement. Welches Engagement hat Sinn, wenn es nicht für mehrere Generationen angelegt ist? Wenn es nur auf das Hier und Jetzt gerichtet ist? Wer nachhaltig etwas schaffen will, der muss sich mit den Mitgliedern anderer Generationen verbünden, mit Jüngeren und Älteren, immer in der Hoffnung, ein kleines Bollwerk zu schaffen gegen das Ungerechte, das Unsoziale in dieser Welt. Und dass es Abertausende andere Menschen gibt, die genau so denken und handeln wie ich, motiviert mich, weiterzumachen, auch nach der Politik. Dieses Engagement der vielen hält mich am Leben. Dass es uns nicht egal ist, was nach uns kommt. Dass es uns nicht egal ist, was am anderen Ende der Welt geschieht.

Wir haben eine weltweite Ökonomie geschaffen, also brauchen wir auch eine weltweite Sozialpolitik. In welchen Bereichen wir Deiche errichten müssen gegen die Verwerfungen der Globalisierung, zeigt eine Analyse des Soziologen Ulrich Beck. Er hat fünf Dimensionen der Globalisierung herausgearbeitet – ihre ökonomische, ökologische, kulturelle, politische und zivilgesellschaftliche Dimension. Und auf allen diesen Feldern sehe ich großen Handlungsbedarf, wenn wir zu weltweiten Regeln finden wollen, nach denen wir alle auf diesem Globus auskömmlich leben können.

Natürlich treibt die Ökonomie, genauer der Kapitalismus, die Globalisierung voran. Wo sind die größten Märkte, wo die billigsten Produktionsbedingungen – das sind die Fragen, die Unternehmer die ganze Welt in den Blick nehmen lassen. Designed in Germany, made in Bangladesh – kennzeichnet so manches unserer Produkte, und dahinter versteckt sich die gesamte Produktionskette einer globalisierten Welt mit ihren Armutslöhnen und Produktionsghettos. Und es ist auch an uns Verbrauchern, hiergegen einzuschreiten, mit unserer Kaufentscheidung, aber auch mit ökonomischen Regeln für diesen weltweiten Markt.

Die ökologische Dimension der Globalisierung betrifft uns alle elementar. Es ist eben nicht so, dass wir uns den Müll vom Hals schaffen und ihn in Afrika oder

Asien entsorgen können. Alle Gifte kommen wieder zurück zu uns. Beck spricht von der »Weltrisikogesellschaft«. Und daher ist die ökologische Entwicklung der Welt, die Klimafrage, eine Überlebensfrage für uns alle. Wie entwickeln und nutzen wir diesen Globus so behutsam, dass wir nicht am Ende auf einer gigantischen Müllhalde sitzen? Übrigens eines der offensichtlichsten Generationenthemen überhaupt: die Ökologie. Denn was die eine Generation vergiftet, kann die nächste nicht mehr nutzen.

Globalisierung ist zudem nur lebbar, wenn wir uns für die unterschiedlichen Kulturen auf dieser Welt öffnen. Dieses Gerede davon, dass Multikulti vorbei sei, ist Unsinn. Wer angekommen ist in dieser globalisierten Gesellschaft, der weiß, dass wir andere Völker verstehen lernen müssen, wissen müssen, woher sie kommen, was ihnen wichtig ist. Wir müssen uns in fremde Köpfe hineinversetzen können. Wir können nicht jeden, der anders aussieht, anders gekleidet ist, anders redet, als unseren Gegner ansehen.

Auf der politischen Ebene sehe ich akuten Handlungsbedarf. Zum einen müssen wir lernen zu verstehen, was in der arabischen Welt, was in Afrika, was in Asien läuft. Die Globalisierung lässt uns alle näher zusammenrücken, wir sind wirtschaftlich und damit auch politisch voneinander abhängig. Wenn ich meine Lebensmittel aus einem Land am anderen Ende der Welt beziehe und mein Öl aus einem anderen, ist es nicht egal, wie die politische Lage vor Ort aussieht. Es ist nicht egal, ob in Syrien ein Bürgerkrieg herrscht oder in Weißrussland eine

Diktatur. Und zum anderen müssen wir politische Regeln finden, die weltweit Gültigkeit besitzen. Mit den Vereinten Nationen besitzen wir hier schon eine Institution, der künftig noch mehr Bedeutung zukommt.

Die zivilgesellschaftliche Ebene der Globalisierung ist mir besonders wichtig, weil sie zeigt, dass wir alle etwas tun können. Wir müssen nicht immer nur sagen: Politik, organisiere mal. Nein, Zivilgesellschaft verlässt sich nicht allein und ausschließlich auf das, was sich die Politiker in ihren Verträgen und Gesetzen einfallen lassen. Zivilgesellschaft macht selbst, stößt Entwicklungen an, deckt Missstände auf, hilft Unterdrückten – und das weltweit. Die Occupy-Bewegung ist hier ein gutes Beispiel. Sie hat sich längst internationalisiert. Da chatten die New Yorker Börsenkritiker mit jungen revolutionären Ägyptern. Die junge, politisch aktive Generation tauscht sich weltweit aus und gleicht ihre Lagen und Ziele miteinander ab – die einen wollen die Macht des Geldes zurückdrängen, die anderen die alten Machthaber. Das ist zivilgesellschaftliche Vernetzung rund um den Globus. Und die brauchen wir immer mehr. Darum ist es so wichtig, dass es Amnesty International gibt, dass es Greenpeace gibt, dass es Refugio gibt – engagierte Menschen, die sich weltweit unterstützen. Nur mit einer weltweit vernetzten Zivilgesellschaft werden wir es schaffen, die Härten der Globalisierung abzumildern und auch die Zumutungen zu lindern, die die Globalisierung den Generationen zufügt. Ohne eine starke Zivilgesellschaft werden die Rechte der Wanderarbeiter und ihrer Kinder weiter mit Füßen getreten. Ohne eine starke Zivilgesellschaft werden die

Aidswaisen in Afrika und ihre Großmütter keine Perspektive haben. Ohne eine starke Zivilgesellschaft wird der Generationenzusammenhalt im Süden Europas keine Chance haben. Wir brauchen Menschen überall, die auf die Probleme vor Ort hinweisen, die Missstände öffentlich machen und die Betroffene unterstützen. Was wir brauchen, ist ein Weltbürgertum.

Wir bekommen doch auch etwas zurück für unser Engagement. Mir sind in Nicaragua Kinder ans Herz gewachsen, aufmerksam verfolge ich ihr Leben und freue mich Jahr für Jahr, sie wiederzusehen. Wir herzen uns, wir drücken uns und haben uns jedes Mal viel zu erzählen. Sie laden mich in ihre Familien ein und ich werde dort aufgenommen wie ein Onkel oder Großvater. Meine Kinder, meine Enkel in Nicaragua – ist das nicht ein weiterer Grund, gern zu leben?

Kapitel 6
Hauptsache: gemeinsam!

Für mich war das Zusammenleben mit anderen Menschen – auch Menschen anderen Alters – immer eine Selbstverständlichkeit. Ich bin, wenn man so will, in ein Mehrgenerationenleben hineingeboren worden, so wie viele andere Angehörige meiner Generation auch. Nun, da wir alt geworden sind, lernen viele von uns die Einsamkeit kennen: Die Kinder sind schon seit Jahren aus dem Haus, die Enkelkinder, so wir denn welche haben, leben weit weg, in einer anderen Stadt. Bis auf ein paar Telefonate im Monat verbinden uns nur noch Familienfeste oder mal ein Wochenendbesuch. Dies ist Realität für viele ältere Menschen in diesem Land – und die wenigsten sind zufrieden mit diesem Zustand. Doch es ist auch eine Realität, und das haben die vielen Beispiele in diesem Buch gezeigt, die so nicht bestehen bleiben muss. Keiner muss allein bleiben. Es kommt darauf an, wie wir uns unser Leben einrichten. Jetzt, da vielen von uns ein zusätzliches Lebensalter beschert wird, erinnern sich ältere Menschen an den Mehrgenerationen-Anfang ihres Lebens und wünschen sich dieses Lebensmodell auch für ihr Alter. Das Pfund, mit dem wir dabei wuchern können, ist: Wir alle kennen und können ein Mehrgenerationenleben aus früheren Phasen unseres Lebens. Das müssen wir nicht neu lernen. Wir müssen uns nur neue Partner für solch ein Leben suchen – oder den Kindern und Enkeln hinterherziehen, wie es der Zeitschrift »Chrismon« zufolge inzwischen immer mehr Großeltern tun. Gegen die Einsamkeit gibt es nur ein Mittel: Sich zusammentun mit anderen. Diese anderen können Freunde sein, Nachbarn oder auch Menschen, die wir in Bürgerhäusern oder Generationenprojekten kennen und schätzen lernen.

Auf meinen Lesereisen mache ich selbst in traditionell-konservativ geprägten Landstrichen inzwischen die Erfahrung, dass die Bereitschaft zu einem neuen sozialen Miteinander da ist. Da ziehen alte Bäuerinnen – Nachbarinnen, die früher nicht viel mehr als der Plausch am Gartenzaun verband – im Alter zusammen, um nicht in ihren großen Häusern zu vereinsamen. Da bietet ein Mann seine einstige Pension als Mehrgenerationenhaus an. Da sucht eine junge Frau ältere Mitstreiter für ein Flüchtlingsprojekt. Da meldet sich eine Mittfünfzigerin und bietet ihre Hilfe für ältere Pflegebedürftige an. Die Bereitschaft, sich zusammenzutun, ist da. Es kommt auf die Vermittlung solcher Lebensverbindungen an. Hierfür müssen wir gesellschaftlich unterstützte Strukturen finden. Wir können den Kampf mit der Einsamkeit aufnehmen.

These 1: Wir brauchen uns nicht zu fürchten!

Es gibt keinen Grund, sich vor der Demografie oder einer »alternden Gesellschaft« zu fürchten. Ja, bis 2030 wird unsere Bevölkerung auf 77 Millionen Menschen geschrumpft sein. Ja, es werden 2030 in Deutschland 17

Prozent weniger Kinder und Jugendliche leben. Ja, im Jahr 2030 werden 33 Prozent mehr Alte ab 65 Jahren leben. Ja, dann werden zwei Arbeitnehmer einen Rentner finanzieren müssen, 1970 waren es noch vier Arbeitnehmer. Ja, es stimmt, dies alles wird unser Leben ändern. Wir werden künftig verwaiste Landstriche vor allem in den ostdeutschen Bundesländern haben, wir werden Ballungszentren in Süddeutschland und in den Stadtstaaten erleben. Ja, wir werden unsere sozialen Sicherungssysteme – Renten-, Kranken- und Pflegeversicherung – anpassen müssen, wenn weniger Menschen im arbeitsfähigen Alter für mehr alte Menschen sorgen müssen. Aber diese gesellschaftliche Entwicklung wird uns nicht nur Probleme bereiten: Wir alle leben länger, wir können unser Leben in Ruhe planen, können individuelle Wege verfolgen und mehr Zeit miteinander verbringen – das ist auch ein Grund zur Freude!

Ich bin glücklich darüber, dass ich in einer Zeit alt werden darf, in der um mich herum überall Menschen genauso wie ich alt werden, in der sich unser aller Leben ständig verlängert – im Schnitt jedes Jahr um drei bis vier Monate und künftig noch mehr. Ich habe das Gefühl, in einem neuen Lebensabschnitt angekommen zu sein, der nicht dadurch geprägt ist, dass es zu Ende geht, sondern der dadurch geprägt ist, dass ich unter neuen Lebensbedingungen leben darf. Ich muss nicht mehr, ich kann. Ich muss nicht mehr Termine absolvieren, ich kann mir Aktivitäten aussuchen, die mir Freude machen. Ich muss nicht mehr Geld verdienen, ich kann mich gesellschaftlich engagieren. Der berufliche Stress liegt hinter mir, und die Gebrechen des hohen Alters sind noch fern. Diesen Zustand erlebe ich als ein großes Glück und vor allem deswegen, weil ich ihn mit anderen, mir nahen Menschen, teilen darf. Denn ich habe das Glück, noch mit meiner Frau zusammen sein zu dürfen, mit der ich nun 53 Jahre verheiratet bin. Ich habe das Glück liebevoller Kinder, die den Kontakt zu uns halten und die wir regelmäßig sehen, auch die, die im Ausland leben. Ich habe das Glück von neun wunderbaren Enkelkindern. Und ich habe ein zusätzliches Glück, meinen Alltag seit 25 Jahren mit engen Freunden in unserer Hausgemeinschaft teilen zu können. Ich habe keinen Grund zu klagen, ich kann nicht einstimmen in die Jammergesänge über die sich wandelnde Demografie. Im Gegenteil, ich habe das Gefühl, je älter ich werde, umso weiter und reicher wird mein Leben. Ich habe Glück gehabt und die Einsamkeit nie kennen gelernt – denn ich habe die richtigen Menschen kennengelernt, mit denen ich mein Leben teilen kann. Hier liegt aus meiner Sicht das Schlüsselmoment unseres modernen Lebens: Die Demografie gibt uns allen eine fundamentale Chance. Diese verlängerte Lebensspanne gibt uns die Chance, miteinander mehr Zeit erleben zu können. Doch dazu muss man sich Orte und Gelegenheiten erschließen, an denen man mit Angehörigen anderer Generationen in Kontakt kommt. Der Umgang mit Jüngeren wie mit Älteren ist eine Bereicherung. Und es sind diese geschenkten Jahre, die es uns Älteren möglich machen, uns anderen Generationen zu widmen, sie bei ihren Problemen zu unterstützen, ihren Alltag, aber auch ihre Freude zu teilen. Soziologen bestätigen, dass die Beziehungen zwischen den Generationen zunehmen, nicht abnehmen. Das betrifft sowohl Familien, als auch andere soziale Zusammenhänge. Das heißt: Viele Menschen in unserer Gesellschaft nehmen diese grundlegende demografische Chance bereits wahr.

These 2: Wir brauchen den Generationenzusammenhalt!

Nur über das Miteinander der Generationen werden wir den demografischen Wandel bewältigen. Und es gibt inzwischen eine breite Bewegung von Menschen, die auf ganz unterschiedliche Weise diese Chance ergriffen haben. Mein jahrelanger Freund, der Arzt und Sozialpsychiater Klaus Dörner, nennt sie in seinem Buch »Leben und Sterben, wo ich hingehöre« die Hilfebewegung. Dazu zählt er Freiwilligenbörsen, Nachbarschaftsvereine, Selbsthilfegruppen, die Hospizbewegung, die Aidskranken-Bewegung, die Siedlungsbewegung und vieles mehr. Ich kann aus meiner eigenen Erfahrung bestätigen, dass hier und in den vielen anderen Projekten neue soziale Netze entstehen, Netze über die Generationen hinweg. Und es ist hierbei keineswegs so, dass es nur die Jungen sind, die den Alten und Kranken helfen. Es ist eine wichtige Erkenntnis, dass mit uns älter werdenden Menschen auch neue Potentiale für die Zivilgesellschaft herangewachsen sind. Die Statistiken zeigen, dass die Bereitschaft, freiwillige Arbeit für andere zu leisten, zum einen steigt und zum anderen länger anhält. Immer mehr Ältere engagieren sich sozial. Es gibt immer mehr bis zu 75-Jährige und Ältere, die bereit sind, sich zwei, vier, manche sogar sechs Stunden in der Woche für andere Menschen einzusetzen. Diese Freiwilligen dürfen wir nicht alleinlassen, wir müssen sie unterstützen, denn sie sind eine neue soziale Basis für unsere sich wandelnde Gesellschaft. Im Grunde ermöglicht uns die Demografie, eine neue reizvolle und lebenswerte Gesellschaft zu leben. Eine Gesellschaft, in der nicht weitere Individualisierung, sondern das Miteinander wieder eine Rolle spielt. Man muss sich nicht irritieren lassen, wenn die Mehrheit in generationenübergreifenden Projekten Ältere sind. Wir sind nicht mehr die Alten, die Deutschland noch in den siebziger Jahren vielfach hatte – verbraucht, müde, lebensabgewandt. Wir sind anders: Vitaler, lebensoffen, neugierig, hilfsbereit. Wir Älteren freuen uns, mit Jüngeren, mit Kindern zusammen sein zu können. Wir freuen uns, nicht nur unter uns zu sein. Wir freuen uns, mit anderen in der Mitte der Gesellschaft angekommen zu sein und mitmachen zu können – egal, wie alt wir sind. Auf das Alter kommt es nicht an. Es kommt auf das Miteinander an. Gemeinsames Handeln über die Altersgrenzen hinweg wertet jedes Projekt auf. Ich halte inzwischen nur noch wenig von Seniorenveranstaltungen und Seniorenclubs, von Seniorenplänen oder Altenplänen. Das war in den achtziger und neunziger Jahren die sozialpolitische Antwort auf die stärker werdenden Rentnerjahrgänge, und ich habe diese Politik selber auch verfolgt. Aber es war eine erste, eine hilflose Antwort, die ganze Jahrgänge von vitalen Menschen ausgegrenzt und zur Passivität verdammt hat. Ich bin heute viel mehr dafür, dass wir Orte fördern, an denen wir alle uns begegnen können.

Bürgerhäuser – keine Seniorenheime, Familienzentren oder Jugendclubs. Selbstverwaltete Jugendfreizeitheime waren in den sechziger, siebziger Jahren der große Fortschritt, für solche Projekte habe ich mich vehement eingesetzt – allen Drogenängsten und Revolutionsängsten zum Trotz, die solche Projekte hervorgerufen haben. Inzwischen finde ich es viel attraktiver, wenn wir die jungen Leute in generationsübergreifenden Bürgerhäusern oder Mehrgenerationenprojekten integrieren. Orte, an denen jeder seinen Platz finden kann, an denen man aber auch lernen kann, Rücksicht auf Ältere oder noch Jüngere zu nehmen, Orte, an denen man von Älteren oder Jüngeren neue Sichtweisen lernen kann. Orte, an denen ein Jugendlicher entdecken kann, dass er ein Händchen für kleine Kinder hat. Orte, an denen ein Älterer sich mit jüngeren Arbeitnehmern austauschen kann. Orte, an denen sich jeder einbringen kann, auch Zuwanderer. Ich war vor kurzem in Berlin-Neukölln und habe dort in einem solchen Bürgerhaus die Integrationspreise der Neuköllner Bürgerstiftung verliehen. Ich habe gestaunt, was da alles für Menschen zusammengekommen sind. Das war so bunt, quer durch die Generationen, quer durch die Ethnien. Und die Bürger dieses Hauses mochten sich, da war gute Stimmung, das war herzlich, friedlich. Da war nichts zu spüren von den Krawallen, die angeblich überall in Neukölln drohen. Als ich nach Hause wollte, habe ich mich draußen noch mit mehreren Jugendlichen unterhalten, ganz fröhlich, ganz entspannt. Da hat mir keiner gedroht, und keiner hat mich angemacht. Meine Erfahrung aus solchen generationsübergreifenden Zentren, ob in Delmenhorst oder in Freiburg, ist ausgesprochen positiv. Hier kennt man sich, hier hält man sich gegenseitig, hier werden Kontakte geknüpft und Konflikte geschlichtet. Solche Bürgerhäuser halte ich für zukunftsträchtig und ich wünsche mir, dass die Kommunalpolitik hier neue Schwerpunkte setzt. Sicher, Mehrgenerationenhäuser sind keine Pflichtleistung, sicher, sie kosten Geld. Aber solche Häuser sind unsere Chance. Hier mobilisieren wir unsere Zivilgesellschaft, und von der leben wir am Schluss alle.

These 3: Wir brauchen neue Familienformen!

Ich bin überzeugt davon: Familie kann man sich suchen. Die traditionelle Kernfamilie ist nicht mehr das alleinige Modell, nach dem Menschen Verantwortung füreinander übernehmen. Es zeigt sich zunehmend, dass Wahlverwandtschaften ein stabiler sozialer Faktor werden. Also, auf zu neuen Formen des Zusammenlebens! Ich finde es angesichts der Auflösung der traditionellen Familie durch Scheidungen, durch demografisch bedingt dünner werdende verwandtschaftliche Bande, tröstlich, dass wir frei sind, uns unsere Familie zu wählen. Die Wahlverwandtschaft wird nicht die traditionelle Familie ersetzen, aber sie wird sie flankieren und all jenen einen stabilen Halt bieten, die keine eigene Familie haben können oder wollen. Daher muss der Staat auch dringend das Steuerrecht den modernen Familienformen anpassen. Steuervorteile gehören dahin, wo Kinder aufwachsen und alte Menschen gepflegt werden. Lebensformen, in denen

Menschen Verantwortung füreinander übernehmen, sollten wir gesellschaftlich unterstützen und sie nicht benachteiligen oder gar ausbremsen. Das gilt für Traditionsfamilien wie für Lebensgemeinschaften, das gilt für Patchworkfamilien wie für Regenbogenfamilien, das gilt für Adoptionsfamilien wie für Pflegefamilien und das gilt für Alleinerziehende ebenso wie für Kinder, die ihre Eltern pflegen.

Und natürlich gehört zu einer Familie auch die ältere Generation. Gesellschaftliche Unterstützung haben daher auch Wahlgroßeltern verdient, die vielen alten Menschen, deren eigene Enkelkinder nicht vor Ort leben oder die gar keine Enkelkinder haben, sich aber welche wünschen, und bereit sind, sich auf neue Familien einzulassen und sich dort mit einzubringen. Ich lerne bei meinen Veranstaltungen immer wieder engagierte Wahlomas und -opas kennen. Immer wieder melden sich Ältere und sagen, ich betreue ein Kind, das mir wie ein eigenes Enkelkind ans Herz gewachsen ist. Solche Momente sind für mich die schönsten Erlebnisse auf meinen Reisen. Solche Momente motivieren mich und andere, sich weiter gesellschaftlich zu engagieren. Fremde Kinder müssen nicht fremd bleiben. Gerade Zugang auch zu zugewanderten Kindern zu suchen, finde ich ein großes gesellschaftliches Verdienst solcher Wahlgroßeltern. Das ist gelungene Integration! Das eröffnet den Kindern, den Eltern und den Wahlgroßeltern selber neue Lebensperspektiven. Solche Wahlfamilien bereichern unser aller Leben. Ich selbst genieße den Tag in der Woche, an dem ich in »meiner« Grundschule vorlese. Ich genieße es auch deswegen, weil ich in meiner Schulzeit kein einziges Migrantenkind erlebt habe. Heute, wenn ich in Schulen gehe, kommt mir der ganze Globus entgegen, da reden Kinder russisch, chinesisch, da reden sie türkisch und arabisch, da reden sie englisch. Ich habe das Gefühl, wenn ich heute in der Schule bin, bin ich mit der Welt verbunden, und das tut mir gut und ich hoffe, den Kindern tut es auch gut. Und darum ist es mir auch so wichtig, dass die vielen Menschen, die von sich aus Kontakt zu anderen suchen und andere Familien unterstützen wollen, auf diesem Weg begleitet werden, durch Kontaktbörsen, durch professionelle Begleitung und Absicherung ihrer ehrenamtlichen Tätigkeit. Wenn es uns gelingt, uns jenseits von Verwandtschaftsverhältnissen neu sozial zu verbinden, dann tun wir alle etwas für unser eigenes Leben und zugleich etwas für unsere Gesellschaft. Man muss nicht über Gene miteinander verbunden sein, man muss übers Herz miteinander verbunden sein.

These 4: Wir brauchen mehr Zutrauen in die Jungen und in die Alten!

Wenn der Mittelbau schrumpft, lohnt es sich, die Ränder in den Blick zu nehmen. Angesichts der sich wandelnden Demografie wird künftig jedes Mitglied dieser Gesellschaft kostbarer – egal welchen Alters. Ich empfinde die Förderung der Jungen und der Alten auf dem Arbeitsmarkt als direkte Entlastung der Sandwich-Generation in der Mitte, die kleine Kinder aufziehen und Sorge tragen muss für ihre alt gewordenen Eltern, die Geld verdienen muss und Karriere machen will. Wir können unseren mittleren Jahrgängen nicht einfach immer mehr Lasten aufbürden, nur weil unser Sozialsystem jahrzehntelang auf einen starken Mittelbau ausgerichtet war. Wenn sich die gesellschaftlichen Verhältnisse ändern, müssen sich die politischen Systeme anpassen. Aber es geht nicht nur um unsere sozialen Sicherungssysteme, es geht nicht nur darum, unsere Renten bezahlbar zu halten und unsere gesundheitliche Versorgung zu sichern. Es geht auch darum, diese Gesellschaft lebenswert zu erhalten: Wer will denn am Ende seines Lebens feststellen müssen, dass außer Arbeit nichts stattgefunden hat? Es ist doch nicht der Gehaltszettel, der unser Herz rührt. Es sind die Enkel, die Kinder, die Eltern, die Freunde, die Erlebnisse mit anderen, die unser Leben lebenswert machen. Umso wichtiger erscheint es mir, dass die Lasten der Arbeit, die unser modernes Leben zum großen Teil bestimmen – auch unsere Teilhabe am gesellschaftlichen Leben –, gerecht verteilt werden. Wir können es uns nicht leisten, jeden zweiten Hauptschüler nicht auszubilden. Wir können es uns nicht leisten, 55-Jährige aufs Altenteil zu schicken. Wir können es nicht und wir wollen es nicht. Unseren Fachkräftemangel werden wir nicht allein durch Zuwanderung ausgleichen können. Es wäre auch zynisch, die große Zahl von unqualifizierten Jugendlichen ohne Schulabschluss zu entlassen. Die werden ihr Leben lang immer hinter diesem Mangel herlaufen, den sie als Schüler erhalten haben. Eine Gesellschaft, die sich hier nicht anstrengt, ist zukunftsresigniert, hat die Mühe um die Zukunft schon aufgegeben. Wir alle wissen, dass Bildung

Hauptsache: gemeinsam!

in den skandinavischen Ländern viel besser ist als bei uns. Die haben einen Bruchteil von Schulabbrechern und sie haben uns in ihren schulischen Erfolgen beschämend weit abgehängt. Dabei ist das Geheimnis ihres Erfolges gar nicht so unerreichbar: Halb so große Klassen und Gemeinschaftsschule bis zur zehnten Klasse. Das sollte sich unser Staat leisten können.

Ähnlich problematisch sehe ich die Arbeitssituation der Alten. Ich habe 2012 für die Antidiskriminierungsstelle der Bundesregierung eine Expertengruppe geleitet, die Vorschläge gegen Altersdiskriminierung machte. Ein spannendes, aber auch schwieriges Thema war der Arbeitsmarkt. Sowohl Gewerkschaften als auch Arbeitgeber wollen nicht an ihren ehernen tariflichen Grenzen gerüttelt sehen. Und diese sind ja auch ein sozialpolitischer Erfolg. Trotzdem müssen wir uns darauf einstellen, dass wir es mit einer anderen Gesellschaft als vor hundert Jahren zu tun haben. Viele Menschen werden älter und altern langsamer, bleiben länger arbeitsfähig und wollen auch länger arbeiten. Viele Arbeitsplätze sind belastungsärmer geworden. Neue Belastungen – Multitasking, Stress, höhere Verantwortung, unsichere Arbeitsverhältnisse – sind hinzugekommen. Da kann man als Gewerkschaft, aber auch als Arbeitgeber nicht so tun, als ob sich nichts verändert habe. Natürlich will ein Endfünfziger nicht mehr als Dachdecker hoch aufs Dach, aber warum soll er nicht die Aufträge für seinen Betrieb einholen oder die Kasse abrechnen können? Diese Anpassung der Arbeitswelt an die veränderte Demografie erinnert mich ein wenig an die »Humanisierung der Arbeit«, die in den siebziger Jahren ganz großgeschrieben war. Was muten wir den Leuten am Arbeitsplatz zu, war die zentrale Frage dieser arbeitspolitischen Bewegung um den Gewerkschafter Otto Brenner. Diesen Blick auf den Gesundheitsschutz im Betrieb, auf die Qualität der Arbeit müssen wir ausweiten auf die Frage, wie man an seinem Arbeitsplatz alt werden kann. Altersarbeit ist ein weites Handlungsfeld. Aber der Druck auf die Unternehmen wächst, sich hier Lösungen einfallen zu lassen. Und ich beobachte an mehreren Stellen, dass sich hier etwas in der Arbeitswelt bewegt.

Eine dieser Lösungen wäre etwa die Großelternzeit, die Möglichkeit, sich als Großeltern für die Enkelkinder eine Auszeit vom Beruf nehmen zu können. Es sind Ansätze wie diese, übrigens eine Idee der konservativen Familienministerin Kristina Schröder, die ein Scharnier sein können, einen Ausgleich zwischen den Generationen in der Arbeitswelt zu schaffen und zugleich Mehrgenerationenleben möglich zu machen. Und ich gehe noch einen Schritt weiter: Warum soll die Großelternzeit nur für Blutsverwandte möglich sein? Warum nicht auch für Wahlgroßeltern? Letztlich geht es darum, junge Familien zu entlasten und Alten und Jungen eine Möglichkeit zu eröffnen, gemeinsam ihren Lebensalltag zu bewältigen. Überall, wo ich Alte und Kinder gemeinsam erlebe, wird mir deutlich, welch ein Gewinn solche Tandems für alle Beteiligten sind: Die berufstätigen Eltern werden in ihrem stressigen Alltag ein Stück weit entlastet. Die Alten haben eine Aufgabe, die sie erfüllt. Und die Kinder finden einen Ansprechpartner, der ihnen ohne Druck begegnet und sich liebevoll um sie sorgt. Ich beobachte das auch in meinem eigenen Bekanntenkreis: Viele werden im Alter liberaler und entspannter, als sie früher waren. Sie nehmen nicht mehr krumm, wenn ein Jugendlicher mit Punkfrisur oder zerschlissenen Hosen ankommt – etwas, was sie ihren eigenen Kindern vielleicht nie hätten durchgehen lassen. Alter macht gelassen. Das spüren die Kinder. Und es tut ihnen gut, dass da jemand ist, ein Erwachsener, der Zeit für sie hat, der sich ihnen zuwendet, der an ihren Fragen interessiert ist. Ich selbst habe erlebt, wie schön es ist, eine Großmutter zu haben, zu der man mit jedem Kummer kommen kann, und ich bin bis heute der Meinung, dass sie einen wesentlichen Teil meiner Erziehung geleistet hat. Die vielen Mentoring-Projekte, die es inzwischen in Konzernen und auch kleinen Betrieben gibt, zeigen, dass ein älterer Mensch mit Lebenserfahrung und Berufserfahrung zu einem wertvollen Coach werden kann und selbst Schulverweigerer so neuen Halt und einen Weg zurück in Schule und Ausbildung finden. Es ist ein Mehr an Gelassenheit, was gerade die ältere Generation auf vielfältige Weise in unsere unter großem Druck stehende Arbeitswelt einbringen kann. Das sollten wir uns nicht entgehen lassen. »Eine älter werdende Bevölkerung schenkt den nachrückenden, auch älter werdenden Generationen Zeit und macht unsere Gesellschaft, die ob ihrer Schnelligkeit und Hitze fast verbrennt, ruhiger«, schreibt der Soziologe Peter Gross. Und weiter: »Wer altert, wird auch skeptisch gegen überzogene Heilserwartungen. Die Resistenz gegenüber Perfektions-

und Vollendungsvorstellungen dämpft die Hoffnungen auf eine irdische Seligkeit. So lange im vorwärtsdrängenden Leben mitgeeifert und mitgekämpft wird, fehlt jene Muße, die in so reichem Maße im Alter vorhanden ist. Hat die von jedem Einzelnen gewonnene Muße möglicherweise ihren gesellschaftlichen Sinn darin, die Hektik der modernen Gesellschaft zu dämpfen? In der richtigen Weise alt, so heißt es in allen Ratgebern, wird nur, wer das Altwerden auch annimmt. Dieses Annehmen bedeutet, das Nachlassen, Zeithaben und Stille annehmen und an der Selbst- und Weltberuhigung arbeiten.«

Die Gelassenheit der Älteren können wir gut gebrauchen – auch in vielen anderen Bereichen unserer Gesellschaft. Wachstum um jeden Preis wird unsere ökologischen und ökonomischen Lebensgrundlagen zerstören – eine neue Erkenntnis ist dies nicht. Vielleicht aber werden mehr alte Menschen hilfreich sein, diesen Gedanken auch leben zu können.

These 5: Wir brauchen den Blick über den Tellerrand!

Die Globalisierung ist nicht nur eine Bedrohung in Form einer entfesselten Weltwirtschaft, die den Globus gnadenlos ausbeutet und die Nationen im Wettbewerb um wirtschaftliche Aufträge gegeneinander ausspielt. Die Internationalisierung wird uns helfen, den demografischen Wandel zu bewältigen. Entscheidend dabei ist: Wir dürfen die Globalisierung nicht allein den Ökonomen überlassen. Es geht nicht darum, unseren Fachkräftemangel kurzfristig durch das Anwerben qualifizierter Zuwanderer auszugleichen. Es geht vielmehr darum, diese durch den weltweiten Markt zusammengerückte Welt auch sozialpolitisch zu gestalten. Die Löhne der Wanderarbeiter, von denen auch das reiche Europa profitiert, gehen uns etwas an. Die Kinder der Wanderarbeiter, die mit den Großeltern allein zurückbleiben, gehen uns etwas an. Die durch Aids bedingten Generationenprobleme im südlichen Afrika gehen uns etwas an. Wir können die Menschen dort in ihrer verzweifelten Lage nicht alleinlassen. Aber wir können auch von ihnen etwas lernen: Sie zeigen uns, wie stark der Zusammenhalt über die Generationen hinweg sein kann, dass eine Großmutter sieben Enkeln Mutter und Vater ersetzen und sie ins Leben führen kann. Wir können von afrikanischen Großfamilienstrukturen lernen, dass es auch eine entfernte Tante sein kann, die Verantwortung für einen ganzen Clan übernimmt, indem sie als Wanderarbeiterin Monat für Monat Geld an ihre Verwandten überweist. Man muss sich einmal vorstellen: Die Gelder, die Wanderarbeiter ihren Familien aus ihren Einsatzländern überweisen, übersteigen die Entwicklungshilfe der reichen Staaten um ein Vielfaches! Weltweit betragen die privaten Überweisungen nach Berechnungen der Weltbank jährlich rund 282 Milliarden US-Dollar. Insbesondere Afrika wird leider sehr unterschätzt und von der großen Mehrheit der Weltbevölkerung nur als Katastrophenkontinent wahrgenommen. Die Katastrophengebiete gibt es dort, keine Frage. Aber es gibt auch Milieus auf diesem Kontinent, die Hoffnung machen. Ich beobachte in den letzten Jahren eine erstaunlich solide

und stabile Entwicklung der afrikanischen Zivilgesellschaft, die ganz eigene kulturelle Antworten auf die Globalisierung findet. Egal, wohin wir den Blick lenken, wir
können von den Gesellschaften, die um uns herum leben, etwas lernen: Wir können von den Skandinaviern
lernen, wie gut Schule funktionieren kann, und von den
Niederländern, wie geschickt man Nachbarschaften zu
einem funktionierenden Gemeinwesen miteinander vernetzen kann. Wir können von Kanada lernen, wie die Integration von Zuwanderern gelingen kann. Bei uns ist
Zuwanderung sehr lange geleugnet worden und man
tat so, als sei sie ein Missgeschick der Geschichte. Deutsche Leitkultur – ich erinnere mich noch an diese unsäg-
liche Debatte. Ein deutsches Leitbild, was ist denn das?
Wer sind wir, dass wir andere Kulturen germanisieren
wollen? Und jetzt sind wir darauf angewiesen, dass wir
in diesem Europa mit offenen Grenzen, mit dramatisch
unterschiedlichen ökonomischen Perspektiven, mit anderen Menschen aus anderen Ländern selbstverständlich
umgehen können. Inzwischen ist aus der Leitkultur
eine »Willkommenskultur« geworden. Das ist ein Fortschritt. Eine Gesellschaft, die in Zeiten der Globalisierung lebenswert bleiben will, tut gut daran, einen Blick
über den Tellerrand zu werfen – um von anderen zu lernen, aber auch um sich mit anderen zusammenzutun
und gemeinsam Probleme anzugehen.

Der demografische Wandel rückt in den Mittelpunkt, wie existenziell die Generationen aufeinander angewiesen sind. Bildung, Arbeit, Pflege – es wird keine gesellschaftliche Aufgabe geben, in der die Generationen nicht zusammenarbeiten müssen, um ihr Gemeinwesen intakt zu halten. Diesem Aufeinander-Angewiesensein muss eine neue Ethik folgen. In meinen Augen ist diese Notwendigkeit eine erstrebenswerte Tugend: Eine Re-Sozialisierung, eine Rückbesinnung auf soziale Werte, darauf, dass das Allgemeinwohl über den Aktienindex zu stellen ist. Die Finanzblase und der folgende weltweite Börsencrash haben gezeigt, dass es nicht das Geld ist, das die Welt regiert. Unsere moderne Arbeitswelt hat die Individualisierung befördert. Sie hat die Menschen vereinzelt und sich selbst überlassen. Sieh zu, wie du klar kommst, irgendwie musst du dich durchbeißen, helfen tut dir sowieso keiner – das ist eine Desorientierung! Wer solche Lehren verbreitet, bedroht Schicksale, bedroht Menschen. Es muss neu erfunden werden, wie wir in einer mobilisierten, globalisierten Welt trotzdem Menschen bleiben und trotzdem vertraute Orte haben, an denen wir gedeihen können, an denen wir nicht einfach nur funktionieren müssen.

Hierbei geht es um Lebenskultur, darum, sich lebenswerte Plätze zu schaffen, lebenswerte Gesellschaften, in denen man genug Zeit hat, der alten Dame über die Straße zu helfen und nicht einfach schnell wegblickt, weil man noch einkaufen muss und die Kinder abholen und kochen und dann noch ein Arbeitspapier für den Chef schreiben und und und. Soll die doch mal selber zusehen, wie sie über die Straße zuckelt? Nein, das kann es nicht sein. Das darf nicht sein. Die Güte einer Gesellschaft bemisst sich daran, wie ihre Mitglieder miteinander umgehen.

Dass viele so empfinden wie ich, zeigt das »Generationen-Manifest«, zu dessen Unterzeichnern ich gehöre. »Wir fordern eine Strategie des Wandels für Deutschland, Europa und die Welt. Zukunftsfähigkeit erfordert mehr als ein paar kosmetische Korrekturen. Und sie braucht den Schulterschluss mit den Schwellen- und Entwicklungsländern, die aufgrund ihrer dynamischen Entwicklung eine besondere Bedeutung für alle Themen der Nachhaltigkeit haben. Wir müssen mit langem Atem und konsequent auf eine ökologisch und sozial gerechtere Gesellschaft hinarbeiten. Wir fordern alle Politiker auf, sich in ihren Entscheidungen nicht abhängig von kurzzeitigen Wahlprognosen, Machtverschiebungen oder Lobbyinteressen zu machen. Wir fordern sie auf, ihre Kraft uneingeschränkt dem Wohle der heutigen und zukünftigen Generationen zu widmen, ihren Nutzen zu mehren und Schaden von ihnen abzuwenden«, heißt es in dem Aufruf. Egal ob die Bekämpfung des Klimawandels oder eine grüne Energiewende, ob politische Beteiligung der Bürger oder die Sanierung der Staatsfinanzen, ob eine strikte Regulierung der privaten Finanzwirtschaft oder soziale Gerechtigkeit in Deutschland, ob der Kampf gegen Hunger und Armut in der Welt oder eine ökologische Entwicklung unserer Wirtschaft, ob eine Reform unseres Bildungssystems oder der Erhalt von Entwicklungschancen für unsere Kinder – es geht um ein nachhaltiges Leben und einen fairen Generationenvertrag. Bereits 40.000 Menschen, prominente und nicht-prominente, junge und alte, hatten dieses Manifest im Juli 2013 unterzeichnet. Wir, die wir davon überzeugt sind, dass die Generationen zusammenhalten müssen, sind nicht allein. Das macht doch Mut!

Überall beobachte ich, dass es eine ganz kostbare Erfahrung ist, wenn ich etwas mit anderen zusammen machen kann. Wir wollen nicht allein sein. Ich gehe bei meinen Veranstaltungen immer durch die Reihen und sage jedem guten Tag, egal wie viele Menschen da sind, auch wenn es 600, 700 Leute sind. Wenn ich das Gefühl habe, die Angesprochenen kennen sich, frage ich, wer wen mitgenommen hat. Meist sind es die Frauen, die ihre Männer motivieren: Komm mal mit, sitz nicht immer vor dem Fernseher. Ist es nicht toll, dass wir uns noch mitnehmen, dass wir sagen, es ist mir wichtig, dass du mitkommst, dass du nicht zu Hause bleibst und dass wir später über das gemeinsam Erlebte noch reden können? Wir suchen die Gemeinsamkeit. Und das muss wertgeschätzt werden. Gemeinsamkeit muss man, überall wo man kann, fördern und prominent machen. In einer individualisierten Gesellschaft, in der alles in Richtung Vereinzelung läuft, immer wieder neue Anläufe zu unternehmen, jemanden nicht allein zu lassen, finde ich essentiell. Dazu würde ich gerne ermutigen. Dabei ist es jedem selbst überlassen, ob man gemeinsam in die Kirche geht oder in die Kneipe, zum Chor oder zum Sportplatz. Hauptsache man macht es gemeinsam. Denn das ist am Ende des Lebens die ganz große Not – dass ich niemanden mehr habe, dass ich mutterseelenallein bin. Dass es völlig egal ist, ob ich aufstehe oder nicht, weil sich ja sowieso niemand darum kümmert. Dieses Lebensgefühl ist bitter. Da verlassen einen die Kräfte, da resigniert man, da hört man auf zu essen und sich zu bewegen. Einsamkeit ist Alltagsschicksal, da geht es nicht um ein paar Ausnahmen. Und oft genug treibt die Einsamkeit alte Menschen in den Tod. Überproportional viele Menschen über 65 Jahren, Tausende Jahr für Jahr, begehen Selbstmord. Die Angst vor der Einsamkeit kennt jeder. Ich auch. Ich will nicht, dass ich irgendwann ganz alleine bin. Ich werde alles tun, damit ich umgeben bin von Menschen, die mir wichtig sind und mit denen ich mich gut vertrage. Am Ende des Tages geht es nicht darum, wie viel Geld ich auf dem Konto habe. Am Ende des Tages geht es darum, nicht alleine zu sein.

Dank

Dieses Buch ist ein generationenübergreifendes Projekt.

Ich danke meiner jüngeren Mit-Autorin Uta von Schrenk für ihre Recherche, Diskussionen und Formulierungen. Gudrun Baltissen und Barbara Hornschuh haben die diktierten Texte übertragen. Dr. Rudolf Walter vom Verlag Herder danke ich dafür, dass er seine jahrzehntelange Erfahrung als Lektor in dieses Buch eingebracht hat. Großer Dank gebührt allen Familien, die mich an ihrem Alltag haben teilnehmen lassen und ohne die dieses Buch nicht entstanden wäre. Meiner Frau Luise danke ich für ihre kritische Durchsicht des Manuskripts.

Der Ertrag eines spannenden
farbigen Lebens

Henning Scherf
Wer nach vorne schaut,
bleibt länger jung
220 Seiten | Gebunden
mit Schutzumschlag
ISBN 978-3-451-33257-9

Sein Leben aktiv in die Hand nehmen, die Nähe anderer
suchen, sich einmischen und nie die Hoffnung aufgeben:
Jeder kann selbst etwas für sein Glück tun, davon ist Henning Scherf überzeugt. Ein Buch mitten aus dem Leben,
über das Leben. Kämpferisch, deutlich, authentisch. Und
voller Optimismus.